# 공부 잘하는 비결

How to Study Well

이재록 목사 자기 주도 학습법

# 공부 잘하는 비결

How to Study Well

이재록 목사 자기 주도 학습법

우림

Intro

요즘은 하루가 멀다 하고 수많은 지식과 정보가 쏟아져 나옵니다. 이러한 지식의 홍수 속에 사람들은 새로운 지식을 습득하고 자기 계발을 하기 위해 끊임없이 노력합니다. 오늘날은 학교 교육을 마친 것으로 그치지 않고 성공적인 미래를 위해서나 삶 가운데 더 많은 기회를 얻기 위해 공부하고 재투자합니다.

전문가로서 확고한 기반을 다지려는 사람뿐 아니라 치열한 생존 경쟁에서 당당한 삶을 살기 위한 직장인 및 사업가에게도 공부는 필요합니다. 전업주부라 해도 예외는 아니어서 자녀 교육을 위해 또는 자신의 삶을 풍요롭게 하기 위해 계속적인 공부가 필요합니다. 그래서 평생교육, 평생학습이라는 말도 심심치 않게 듣게 됩니다. 이러한 사회적 요구에 맞추어 많은 자기 계발서, 학습법, 다양한 교재와 학습서가 나와 있습니다.

그동안 목회를 하면서 진로와 학업 문제로 고민하는 학생들을 많이 보았습니다. 노력해도 원하는 만큼 성적이 오르지 않아 고민하거나 공부하는 이유와 삶의 목표를 찾지 못해 상담을 요청하는 경우를 보았지요. 이에 '어떻게 하면 학생들이 공부를 잘해 하나님께 영광 돌리고 성공적인 삶을 살 수 있을까?' 하는 마음으로 기도하게 되었습니다. 하나님께서는 그 응답으로 『공부 잘하는 비결』에 대해 구체적으로 말씀해 주셨습니다.

하나님께서는 지식과 지혜의 근본이시기 때문에(시 111:10 ; 잠 1:7, 9:10) 하나님께로부터 얻는 학습법이 가장 확실합니다. 하나님께서 알려 주신 공부의 비결을 잘 양식 삼아 이를 토대로 자신에게 맞는 학습법을 찾으시기 바랍니다. 나아가 자신을 가장 잘 아시는 성령님을 의지하면 '나를 향한 하나님의 계획'을 깨닫고 분명한 비전을 세울 수 있습니다.

『공부 잘하는 비결』은 학생뿐만 아니라 자녀 교육이나 업무 능력 향상에도 필요하고 무엇보다 신앙생활에 매우 유익합니다. 하나님 나라의 능력 있는 일꾼이 되려면 말씀을 지식으로도 무장해야 합니다. 각 분야에서 사명을 더 잘 감당하기 위해서도 필요한 지식을 쌓으며 실력을 키워야 합니다. 이 말씀을 확실하게 양식 삼고 활용하면 목표하는 바를 무엇이나 이룰 수 있습니다.

모든 사람에게 1년은 365일 똑같이 주어집니다. 그 시간을 얼마나 알차게 활용하는가에 따라 삶이 달라집니다. 하나님께서는 "세월을 아끼라 때가 악하니라"(엡 5:16) 말씀하셨으니 시간을 헛되이 보내지 말아야 합니다. 무엇보다 크리스천에게 주어진 삶은 다시 오실 주님을 기다리며 신부 단장하는 기간입니다. 학생이 자신에게 맞는 학습법을 찾아 최선을 다해 공부하듯, 『공부 잘하는 비결』

을 신앙생활에 적용하여 주님의 신부로서 아름답게 단장하기에 힘쓰시기 바랍니다. '무엇부터 시작해야 할까?' 하고 고민하시는 분들은 성령의 인도에 따라 영육 간에 이룰 목표를 세워 보시기 바랍니다.

그동안 책자 발간을 위해 수고하신 빈금선 편집국장과 직원들에게 감사의 뜻을 전합니다. 이 책을 읽는 이마다 하나님이 알려주신 비결을 잘 양식 삼아 꿈을 이루고 어디서나 인정받는 존귀한 사람이 되시기를 주님의 이름으로 축원합니다.

2011년 10월

이재록 목사

Contents

Part 1

# 소중한 꿈과 행복을 위하여

여호와를 경외하는 것이
지혜의 근본이요
거룩하신 자를 아는 것이
명철이니라

잠언 9:10

한 교육 평론가가 “공부를 왜 하나요?”라는 질문을 던졌습니다. 뜻밖에도 많은 어린이가 “혼날까 봐서요.”라고 대답했습니다. 공부가 좋아서 하기보다는 마지못해 하고 있다는 것입니다. 그러니 얼마나 지루하고 힘들겠습니까? 의무감으로 하니 공부가 재미있을 리 없습니다.

공부는 남이 잘되라고 하는 것이 아닙니다. 자신의 꿈과 행복한 미래를 위해 반드시 치러야 할 대가입니다. 공부를 재미있게 잘할 수 있는 방법은 없을까요?

사람은 태어나는 순간부터 배움이 시작됩니다. 특히 어린아이는 스펀지가 물을 빨아들이듯 빠른 속도로 정보를 습득합니다. 엄마 아빠에게 눈을 반짝이며 “엄마, 저건 뭐예요?”, “하늘은 왜 파랗지?”, “새는 왜 노래를 불러요?”, “강아지는 왜 못 날아요?” 하고 궁금한 것들을 끝없이 묻습니다.

그때에는 세상의 모든 것이 신기합니다. 호기심이 가득한 눈으로 왜 그런지 알기를 원하지요. 이처럼 인생 전반에 걸쳐 모르는 것을 알아가는 과정이 '공부' 입니다.

사전에 따르면 공부(工夫)란, 학문이나 기술을 배우고 익히는 것을 말합니다. 지식을 모으고 분석하는 일은 물론, 그 지식의 타당성을 판단해 자신의 것으로 만드는 일, 그리고 이를 적절히 활용하여 실생활에서 적용하는 일을 아울러 일컫습니다. 사람은 이런 과정을 통해 하나의 건강한 인격체로 성장하며 사회의 구성원으로서 자신의 역할을 다할 수 있게 됩니다.

## 목적을 바르게 정립해야

옛날에는 많은 사람이 진리를 탐구하며 바르게 살기 위해 공부를 하였습니다. '어떻게 하면 참되게 살 수 있을까?' 하며 나름대로 그 답을 얻기 위해 궁구했습니다. 그러나 세월이 지날수록 사람들의 관심이 '어떻게 하면 더 안락한 삶, 풍요로운 삶을 누릴 수 있을까?' 로 쏠립니다.

요즘에는 학생들이 명문대 진학이나 높은 수입이 보장되는 직업을 갖기 위해 공부하는 경우가 많습니다. 문제는 그 문이 좁기 때문에 치열한 경쟁이 따른다는 점입니다. 선의의 경쟁은 서로에게 긍정적인 자극을 주어 발전을 가져오지만 지나친 경쟁은 오히려

해가 됩니다. 공부를 부담으로 느끼거나 친구들을 경쟁 상대로만 인식하게 만듭니다. 때문에 많은 학생이 심한 스트레스에 시달리기도 합니다.

따라서 공부하는 목적을 바르게 정립하는 일이 매우 중요합니다. 공부는 '자신의 꿈과 행복'을 위해 해야 합니다. 공부의 목적이 입시나 취업을 위한 도구로 국한된다면 공부에 대한 즐거움보다는 부담과 압박감이 따릅니다.

공부의 본질은 '모르는 것을 배우고 알아가는 과정'입니다. 이 과정에서 얻는 기쁨을 누린다면 공부하기가 한결 수월합니다. 나아가 자신이 왜 공부해야 하는지 분명한 이유를 찾는다면 공부에 대한 느낌이 달라집니다. '부모의 강요에 의한 공부'가 아니라 '자신을 위한 공부'로서 '더 넓은 세상을 향해 도전하고 꿈을 이루는 원동력'이 됩니다.

## 나의 꿈을 찾아서

공부를 하면 꿈을 보다 쉽게 이룰 수 있고, 더 좋은 기회를 붙잡을 수도 있습니다. 그래서 많은 사람이 힘들어도 공부에 매진합니다. 진정 공부가 자신의 꿈을 이루는 수단으로 여겨진다면 공부에 대한 느낌이 달라지기 마련입니다. 공부를 잘하고 싶은 의욕이

샘솟지요. 꿈을 이루기 위해 잠을 줄이며, 많은 부분을 포기한다 해도 힘들지 않습니다. 오히려 새로운 지식을 알아가는 일이 즐겁습니다.

예를 들어, 찬양사역자가 되어 하나님께 영광 돌리겠다는 꿈이 확고한 학생이라면 노래, 기악, 무용 등 예능 분야를 열심히 공부하며 재능을 갈고 닦는 모습을 봅니다. 또 선교나 방송, 출판, 통역과 번역, 컴퓨터, 사진, 디자인 등 각 분야에서 전문가가 되기 위해 고군분투하는 학생들이 있지요.

이렇게 분명한 꿈과 목표가 있으면 공부하는 일이 때로는 어렵고 버겁다 해도 힘들어하지 않습니다. 목표를 향해 한 걸음 더 가까이 다가간다고 생각하기 때문에 소망이 넘칩니다. 또한 공부를 할수록 자신감이 생기고 성취감을 느끼기에 탄력을 받아 더 노력하게 됩니다.

꿈과 목표를 설정했다면 구체적으로 'OO대학에 지원하여 OO학과를 전공하면 꿈을 이룰 수 있을까?', '원하는 회사에 입사할 수 있을까?'를 꼼꼼히 따져봐야 합니다. 중학교 때 목표가 어느 정도 정해지고, 고등학교 때는 더욱 뚜렷해져야 하지요. 또 대학 진학을 앞두고는 세부적인 학과를 목표로 집중하여 공부해야 합

공부는...

더 넓은 세상을 향해 도전하고
꿈을 이루는 원동력입니다.
꿈이 있으면 공부에 대한 느낌이 달라집니다.

니다. 이처럼 분명한 꿈과 목표가 생기면 누가 시키지 않아도 스스로 노력하고 공부합니다.

꿈도 없는 자녀에게 부모가 "공부해라, 공부해라, 그래야 좋은 대학 가고 성공한다." 말해도 소용이 없습니다. 이런 자녀에게는 꿈을 갖도록 비전을 제시해 주는 일이 급선무입니다. 왜 공부해야 하는지 마음으로 깨달을 수 있도록 다양한 체험의 기회를 제공하여 동기를 부여해 주어야 합니다.

## 진로를 정하려면

꿈을 이루기 위해서는 진로를 잘 선택해야 합니다. 학창 시절에는 스스로 어떤 분야에 재능이 있는지, 무엇을 좋아하는지 찾아야 합니다. 어떤 학생은 꿈이 뚜렷하여 그 길을 향해 잘 달려가는 반면, 어떤 학생은 자신이 무엇을 하며 어떻게 살아야 할지 몰라 고민합니다.

자신의 비전과 진로를 알 수 있는 방법 중 하나는 나의 관심 분야가 무엇인지 파악하는 것입니다. 관심이 있다는 것은 재능과도 관련이 있습니다. 사람들 대부분이 잘하는 것을 좋아하기 때문입니다.

만약 노래를 잘한다거나 글을 잘 쓴다거나 특정 스포츠에 재능이 있다면 그것이 진로를 결정하는 단서가 됩니다. 또 요리에 관심이 있다거나 미술, 기계, 과학, 수학 등에 관심이 있다면 이것도 진로를 결정하는 데 영향을 미치지요. 타고난 재능이 없다 해도 얼마큼 관심 분야에 도전하고 노력하느냐에 따라 능력을 계발할 수 있습니다.

어떤 사람은 자신에게 특별히 뛰어난 분야가 하나도 없다고 생각합니다. 하지만 누구에게나 관심 있는 분야는 있습니다. 생각을 조금만 바꾸면 미처 발견하지 못한 재능들을 발견하게 될 것입니다.

성적이 최하위권인 어느 학생은 유독 역사 과목은 만점을 받았습니다. 주변에서 '어떻게 역사만 만점을 받을 수 있는지' 궁금하여 물어보았습니다. 그러자 그는 "할 일이 없어 우연히 역사책을 보았는데, 동화책처럼 재미있었어요. 학교 수업을 마치고 집에 오면 날마다 역사책을 읽는 것이 큰 즐거움이었어요. 외울 정도로 보았지만 지겹지가 않았어요." 하는 것이었습니다. 이처럼 즐겁게 할 수 있는 분야를 발견하면 진로를 결정하기가 쉽습니다.

그런데 자신의 재능이나 관심 분야를 찾았다고 해서 금방 꿈이나 목표가 이루어지는 것은 아닙니다. 하나님께서 이루실 것을 믿고 부단히 도전하고 노력해야 합니다. 끊임없이 공부하되 열정을 가지고 원하는 분야에 더 많은 노력을 기울여야 하지요. 학과 공부를 기본으로 하면서 필요하다면 관련된 분야를 연습하고 훈련하는 것입니다.

김연아 선수는 일곱 살 때 미셸 콴처럼 멋진 스케이터가 되겠다는 꿈을 가졌다고 합니다. 닮고 싶은 롤모델(본보기가 되는 대상)이 생기자, 더 노력하게 되었고 자연히 실력도 쑥쑥 늘었지요. 재능을 타고났다 해도 고난도 기술을 습득하기까지 얼마나 연습하고 훈련했겠습니까? 몇 번 해보다가 안 된다고 포기했다면 지금의 김연아 선수는 없었을 것입니다. 자신의 한계를 느낄 때마다 포기하지 않고 목표를 향해 도전했기에 꿈을 이루고 세계 정상의 자리에 우뚝 설 수 있었습니다.

세상에는 공짜가 없습니다. 배우고 도전하는 일을 즐기는 습관을 길러야 합니다. 배움은 학생만이 아니라 일반인에게도 필요합니다. 누구나 자신의 위치에서 꿈을 키워 가려면 열심히 배워 나가야 합니다.

## 자신의 행복을 위하여

배움을 통해 폭넓은 지식은 물론 반듯한 예의, 교양을 갖출 때 진로 선택에 다양한 기회가 주어집니다. 사회에서 인정받으며 행복한 삶을 누리는 데도 도움이 되지요.

하나님께서는 우리가 행복하기를 누구보다 바라십니다. 그래서 "내가 오늘날 네 행복을 위하여 네게 명하는 여호와의 명령과 규례를 지킬 것이 아니냐"(신 10:13) 말씀하셨습니다. 그렇다면 하나님을 믿는 사람에게 최고의 행복은 무엇일까요?

이 땅에 사는 동안 무엇을 하든지 하나님께 영광 돌리는 것입니다. 고린도전서 10장 31절에 "그런즉 너희가 먹든지 마시든지 무엇을 하든지 다 하나님의 영광을 위하여 하라" 말씀하신 대로 공부하는 목적도 마찬가지입니다. 하나님께 영광 돌리기 위해 열심히 공부하면 하나님께서는 반드시 축복해 주십니다. 진로를 주관하시고 최상의 길로 이끌어 주시지요.

마태복음 5장 16절에 "이같이 너희 빛을 사람 앞에 비취게 하여 저희로 너희 착한 행실을 보고 하늘에 계신 너희 아버지께 영광을 돌리게 하라" 했습니다. 학생이 본분을 다하며 품행 또한 단정하다면 그 자체로도 사람들에게 본이 됩니다. 또한 하나님께 은혜와 능력을 받아 자신의 능력 이상으로 공부를 잘하면 이를 통해서도 하나님께서 영광을 받으십니다. '하나님을 믿으면 공부도 잘할 수 있구나!' 하고 주변 사람들이 하나님을 인정하기 때문입니다. 당장 좋은 성적을 내지 못하고 쌓은 지식과 갈고 닦은 재능을 발휘하지 못한다 해도 최선을 다한다면 그 자체로도 하나님께서 영광을 받으시고 좋은 길로 인도하십니다.

## 미래를 준비하는 시기

학생들은 아직 어른들처럼 많은 시간과 예물을 들여 충성할 수는 없습니다. 하지만 기관장, 성가대, 임원 또는 회원으로서 각자 자신이 있는 위치에서 최선을 다해 사명을 감당하면 하나님께서 축복과 상급으로 갚아 주십니다. 그렇다 하여 공부는 등한히 하고 교회에서 주어진 사명만 붙잡고 있다면 이는 하나님의 뜻이 아닙니다. 학생의 때에는 열심히 배우고 익혀서 미래를 준비하는 일이 하나님의 뜻입니다.

전도서 3장 1절에 "천하에 범사가 기한이 있고 모든 목적이 이룰 때가 있나니" 말씀한 대로 인생에는 때가 있습니다. 나무를 보아도 성장하기 전에 열매가 맺히면 부실할 뿐 아니라 제대로 자라기가 어렵습니다. 먼저는 뿌리와 가지가 견고해진 뒤에 때가 되어 맺힌 열매라야 실하고, 나무에도 무리가 가지 않습니다.

학생들도 마찬가지입니다. 지금은 열매 맺을 준비를 할 시기입니다. 영양분을 잘 공급하여 신체가 튼튼하게 자라도록 해야 하

## 나의 행복...

크리스천에게 최고의 행복은
무엇을 하든지 하나님께 영광 돌리는 것입니다.

공부의 필요성을 깨닫고
학생의 본분을 다하면 하나님께서 기뻐하시며
축복과 상급으로 갚아 주시니
명품인생이 될 수 있습니다.

며, 또 지식과 교양, 여러 경험과 훈련을 쌓으면서 내적인 성장을 이루어야 합니다. 이와 더불어 말씀과 기도로 영적인 성장도 해야 합니다. 이처럼 영육 간에 모든 분야를 골고루 갖추어야 하나님 나라에 기둥처럼 쓰이는 튼튼한 재목이 될 수 있습니다.

저는 학생들에게 '공부 잘하는 비결'을 알려 주면서 마음으로 공부하는 원리를 전했습니다. 한 학생의 경우 특히 전체 내용을 파악하고 마음에 새기며 집중하여 공부하라는 메시지를 명심하여 효과를 보았다고 합니다.

어느 날 그는 학생주일학교 임원이어서 회의를 마치고 저녁 늦게야 집에 돌아왔습니다. 다음 날 학기말 시험 3과목을 봐야 하는데 충분히 공부하지 못했지요. 더구나 집에 손님이 오셔서 공부할 여건이 아니었습니다. 밤 11시가 되어 손님들이 돌아간 후에야 책상 앞에 앉았습니다. 하지만 짧은 시간에 많은 분량을 공부해야 하는 부담감 때문에 초조해지기 시작했습니다.

그때 마음속에서 기도하라는 성령의 음성이 들려와 간절히 기도하였습니다. 기도한 뒤 책을 읽는 순간, 몸과 마음이 책 속으로 빨려 들어가는 듯했습니다. '공부 잘하는 비결' 말씀이 적용되면서 놀라운 집중력이 생겼지요. 중요한 부분이 눈에 들어와 학습 속도가 빨라졌습니다. 7시간 분량의 공부를 한 시간 만에 끝낼 수 있었고, 다음날, 그 어느 때보다 시험을 잘 치르게 되었습니다.

어떤 학생은 성적이 최하위권이었는데 '공부 잘하는 비결' 말씀을 들은 뒤 그대로 실천하여 중위권으로 오르고, 얼마 후에는 상위권으로 도약했습니다. 또 어떤 학생은 아예 대학 진학을 포기했는데 말씀을 들은 뒤 단기간에 성적이 올라 원하는 대학에 무난히 합격했습니다.

학생들의 공부뿐 아니라, 직장 내 승진 시험이나 각종 자격 시험, 성경 말씀 암송, 심지어 독서를 할 때에도 적용하면 좋은 결과를 얻을 수 있습니다. 현직 경찰인 어느 장로님은 경사 승진 시험을 앞두고 준비 기간이 촉박하였다고 합니다. 도저히 합격을 기대하기 어려운 상황이었지요. 그때 '공부 잘하는 비결' 설교 테이프를 들었는데 할 수 있다는 자신감이 생겼습니다. 들은 말씀대로 순종하여 공부했더니 수석 합격의 영예를 안았습니다.

많은 사람이 '능력이 없어서, 나이가 많아서' 할 수 없다고 말합니다. 그러나 지금까지 어떤 모습으로 살아왔든지 그것은 과거입니다. 누구나 하나님의 능력을 힘입으면 공부를 비롯하여 무엇이나 새롭게 시작할 수 있습니다. 꿈과 목표가 없는 것만큼 슬픈 일은 없습니다. 반면 끊임없이 도전할 목표가 있는 사람은 삶에 활기가 넘치고 행복하지요. 그러므로 주 안에서 분명한 목표와 비전을 가지시기를 바랍니다.

## 영적인 성장을 위해서도 필요한 공부

공부는 이 땅의 삶을 위해서만 필요한 것이 아닙니다. 영적인 성장을 위해서도 필요합니다. 예수 그리스도를 영접하고 하나님의 자녀로 거듭나면 영적으로 볼 때 막 걸음마를 떼기 시작한 어린아이와 같습니다. 이후 하나님 말씀을 듣고 배우며 장성한 그리스도의 분량에 이르기까지 믿음이 성장해야 하지요. 이러한 과정이 바로 '신앙생활'입니다.

학생들이 공부하는 과정을 통해 자신을 만들어가듯, 모든 사람은 신앙생활을 통해 하나님 앞에 참 자녀로 변화됩니다. 하나님께서는 아름다운 천국에서 영원히 사랑을 주고받기 위해 사람을 창조하셨습니다. 하지만 사람들은 죄 때문에 지옥으로 갈 수밖에 없었기에 하나님께서는 예수 그리스도를 예비하심으로 구원의 길을 여셨지요. 예수 그리스도를 영접하고 구원받은 하나님의 자녀들은 믿음으로 죄를 버리고 성결된 만큼 더 아름다운 천국에 들어갑니다. 이렇게 성결된 참 자녀를 얻기 위해 하나님께서는 인간 경작을 하시는 것입니다.

하나님 말씀인 성경 안에는 이러한 하나님의 마음과 뜻이 자세히 기록되어 있습니다. 또한 우리가 축복받을 수 있는 길, 영생할 수 있는 길, 참 자유를 얻을 수 있는 길 등 모든 인생의 문제에 대한 해결책이 제시되어 있습니다. 누구나 하나님 말씀을 듣고 배우기를 즐거워하며 말씀대로 행하면 영혼이 잘됨같이 범사가 잘되고 강건한 축복을 받아 누릴 수 있습니다(요삼 1:2).

이처럼 '공부'는 이 땅의 삶과 신앙생활 등 인생 전반에 걸쳐 꼭 필요합니다. 더구나 세상에 있는 모든 비밀, 자신이 미처 터득하지 못한 수많은 지혜를 배울 수 있는 확실한 방법입니다. 그러니 공부는 매우 유익하고 즐거운 과정입니다.

+ Plus Message

# 꿈과 비전의 힘

일본에서는 코이(Koi)라고 불리는 비단 잉어를 관상어로 많이 키웁니다. 그런데 코이는 아주 특이한 성질을 가지고 있습니다. 강물에 사는 코이는 보통 90~120센티미터까지 자라지만 수족관이나 연못에 넣어 두면 15~25센티미터밖에 자라지 못합니다. 작은 어항에서는 기껏해야 5~8센티미터밖에 자라지 않는다고 합니다.
자신이 사는 공간에 따라 크기가 달라지는 코이처럼 우리도 꿈과 비전의 크기에 따라 인생이 달라질 수 있습니다. 원대한 꿈과 비전을 가지면 더 크게 성장할 수 있습니다.

꿈이 가장 필요한 시기는 학창시절. 꿈이 있어야 공부도 잘할 수 있습니다. 꿈은 강력한 동기 부여의 원동력이 되기 때문입니다. TV 도전 골든벨 프로그램에서 실업계 고등학교 출신 중 처음으로 골든벨을 울린 김수영씨의 이야기를 들어볼까요?
"저는 학창시절 가난한 집과 답답한 학교에서 벗어나고 싶었어요. 그래서 술과 담배도 하고 가출도 했던 문제아였죠. 중학교도 검정고시로 마쳤구요. 그런데 여수정보과학고에 입학하면서 제 인생이 달라졌어요. 난생 처음 꿈을 가지라고 말씀해 주신 선생님을 만났기 때문이지요. 그 후 어느 날 신문 속 한 장의 사진을 보고 제 삶이 더욱 바뀌었어요. 그

사진은 총에 맞은 팔레스타인 아이를 안고 오열하는 아버지의 모습이었죠. 그날로 저는 기자가 되어야겠다는 결심을 했습니다. 주변 환경은 달라진 게 하나도 없는데 꿈이 생기니 제 생각이 바뀌었어요. 친구들이 풀던 문제집을 주워다가 공부하기도 했죠. 주위에서는 네 형편에 무슨 대학이냐고 했지만 목표가 있으니까 용기가 났어요."

꿈이 생긴 그녀는 기자가 되기 위해 공부에 몰두했습니다. 첫 수능 모의고사는 400점 만점에 110점. 어느 대학도 갈 수 없는 점수였지만 서너 시간만 자며 노력한 끝에 마침내 연세대 영문과에 진학하게 되었습니다.

이처럼 꿈이 있는 사람은 공부도 열심히 합니다. 여러분은 어떤 꿈을 가지고 있나요? 자신의 미래 일기를 적어봅시다.

# Part 2

# IQ가 낮아도 공부 잘하는 비결

오직 위로부터 난 지혜는
첫째 성결하고 다음에 화평하고 관용하고 양순하며
긍휼과 선한 열매가 가득하고 편벽과 거짓이 없나니
화평케 하는 자들은 화평으로 심어 의의 열매를 거두느니라

야고보서 3:17~18

간혹 자녀 문제로 상담을 요청하는 이들이 있습니다. 그분들 중에는 "우리 아이가 머리는 좋은데 공부를 하지 않아서 걱정입니다. 부모로서 어떻게 이끌어 주면 좋을까요?" 하고 묻는 경우가 있지요. 자녀가 노력하면 잘할 수 있는데 의지가 부족하다고만 생각하는 것입니다. 이런 상황에서 부모가 답답한 마음에 아이를 다그친다면 오히려 역효과를 낼 수 있습니다.

자녀가 공부를 잘하게 하려면 먼저 진단을 정확히 해야 합니다. 의사가 환자의 상태를 검진한 후 약을 처방하듯이, 자녀의 문제점을 찾아야 합니다. 왜 공부를 못하는지 원인을 파악해야 그에 맞는 개선책이 나오는 것입니다.

공부는 의욕만 앞세운다고 되는 것이 아니며, 그보다 갖춰야 할 조건이 있습니다. 공부를 잘하기 위해 충족시켜야 하는 여러 조건 중 모든 사람에게 공통으로 해당하는 몇 가지 사항이 있습니다. 그중 하나가 '지능지수'입니다.

## 지능지수에 따른 학습 능력의 차이

공부를 잘하려면 적절한 지능지수(IQ)가 필요합니다. 여기서 혹여 '무슨 특별한 비결이 있는 줄 알았는데 아니구나! 머리가 좋으면 공부 잘하는 건 당연하지.', '난 머리가 나쁘니 공부를 해도 소용이 없겠다.' 하고 속단하여 실망하는 분이 계십니까? 머리가 좋은 사람만 잘한다면 '공부 잘하는 비결'이 필요없겠지요.

지능지수는 영어 약자로 IQ(Intelligence Quotient)라 부릅니다. 지능이란 두뇌의 작용을 뜻합니다. 두뇌의 여러 작용 중 몇 가지 분야의 발달 정도를 측정하여 수치화한 것이 바로 지능지수(IQ)입니다. 공부를 농사에 비유하면, IQ는 '씨'에 해당합니다. 크고 당도 높은 품종의 수박씨를 심으면 그러한 열매가 열릴 가능성이 큽니다. 반면 작고 맛이 심심한 수박씨를 심으면 열매도 그러할 확률이 높지요.

유전학에서는 IQ의 50%가 유전에 의해 결정된다고 합니다. 즉 IQ는 어느 정도 타고난다고 할 수 있습니다. 씨가 좋으면 좋은 열매가 맺힐 확률이 높듯이, IQ가 어느 정도의 수준을 넘어야 좋은 성적을 낼 가능성도 큽니다.

IQ 테스트에서 측정하는 분야는 기억력, 수리력, 지각능력, 추리력, 공간능력, 언어능력 등입니다. 이는 뇌의 다양한 기능 중 일부에 불과하지만 대체로 학습에 필요한 능력입니다. 그렇기 때문에 IQ가 높으면 학습 능력도 좋으리라 기대할 수 있습니다.

사람들은 대부분 자신이나 자녀의 IQ가 높기를 기대하지만 모두 높을 수는 없습니다. 한 수박에서 난 씨도 품질이 제각각이듯, 사람도 저마다 지능지수가 다르고 학습 능력에도 차이가 납니다.

교육학자들은 아동의 IQ별 학습 능력을 여덟 단계로 구분하였습니다. 그중 최상위 단계인 140 이상은 100명 중에 한 명 있을까 말까 한 매우 뛰어난 지능입니다. 그다음 단계인 130~139도 높은 수준으로서 100명 중 두세 명 정도가 여기에 속한다고 합니다. 이 정도의 지능으로는 또래의 보통 아동들보다 한 단계 높은 수준의 교육을 받을 수 있습니다.

그다음 단계인 120~129는 100명 중 7~8명 정도 분포하고, 이 단계에 속하는 아이들은 또래의 평범한 아동들보다 다소 똑똑한 편이라고 합니다. 110~119는 보통 중에서 상(上)의 단계로 일반 아동보다 지적 능력이 좀 더 나은 편이라 할 수 있습니다. 90~109는 가장 많은 아동이 속하며 보통 사람의 지능범위입니다. 이 범위의 아동들은 그 연령대에 맞게 정상적으로 지적 발달이 된다고 볼 수 있습니다.

IQ 80~89는 지능발달이 좀 더딘 편이지만 발전 가능성이 충분하다고 봅니다. 70~79는 100명 중 7~8명 정도가 속하며 각별한 교육적 관심이 필요한 수준이라고 합니다. 69 미만은 100명 중 세 명 꼴이며 정신박약일 수 있으므로 전문가의 진단이 필요합니다. 이는 전문가들이 많은 어린이의 지능을 검사하고 관찰하여 분류한 기준입니다.

그러나 이는 절대적인 것이 아니며 100% 맞는 것도 아닙니다. 더구나 요즘은 지능검사 방법이 다양합니다. 검사 방법에 따라 또는 나라별로 점수를 내는 방법이 조금씩 다르기 때문에 이 수치를 모든 사람에게 일괄적으로 적용할 수는 없습니다. 다만 이 자료를 통해 지능지수에 따라 학습 능력에 차이가 난다는 사실을 확인할 수 있습니다.

## IQ가 낮아도 공부 잘하는 비결

같은 수업을 들어도 어떤 학생은 내용을 잘 이해하는 반면 어떤 학생은 여러 번 반복해 주어야 합니다. 또 기억력이 좋은 학생은 한 번 들으면 잘 잊지 않지만 어떤 학생은 쉽게 잊어버립니다. 그러니 비슷한 조건을 가진 아이들 중에서는 아무래도 IQ가 높은 학생이 공부를 잘하는 데 유리합니다.

따라서 부모들은 자녀의 수준에 맞게 학습 성취도를 요구해야 합니다. 자녀가 또래 아이들보다 지능지수가 낮거나 지능 발달이 더뎌서 학습 능력이 떨어지는데 무조건 "공부를 잘해라." 다그치면 안 됩니다. 혹은 "옆집 누구는 공부를 잘하는데 너는 왜 못하니?" 하며 다른 아이와 비교해서도 안 됩니다. 이런 경우 열등감을 느껴 공부가 아예 싫어질 수도 있습니다.

그렇다고 해서 '우리 아이는 IQ가 낮으니까….' 하고 포기하라는 뜻이 아닙니다. 우선 자녀의 학습 상태를 정확히 파악한 뒤 자신감과 용기를 북돋워 주면서 단계별로 이끌어야 합니다. 처음에는 학습 속도가 더디다 해도 자녀가 자신감을 얻으면 가속도가 붙고 얼마든지 발전할 수 있습니다.

## 비결 1 영적인 방법으로 IQ를 높여라!

학자들의 연구 결과에 따르면 IQ는 어느 정도 높일 수 있다고 합니다. 성장하면서 또는 좋은 환경과 교육 기회를 제공하면 IQ가 높아지기도 한다고 하지요. 그런데 크리스천들은 영적인 방법으로 IQ를 높일 수 있습니다. 지능은 뇌의 작용이므로 뇌 기능을 활성

화시키면 IQ는 자동적으로 높아집니다.

우리 몸의 세포가 정상적인 활동을 하게 만드는 존재는 '생명의 씨' 입니다. 생명의 씨는 하나님께서 아담에게 불어넣어 주신 생기의 흔적을 말합니다. 생기는 하나님의 근본 된 능력입니다.

첫 사람 아담은 하나님의 생기를 받아 영적인 존재로 지어졌습니다. 생기로 충만했던 그는 매우 지혜로웠습니다. 창세기 2장 19절에 "여호와 하나님이 흙으로 각종 들짐승과 공중의 각종 새를 지으시고 아담이 어떻게 이름을 짓나 보시려고 그것들을 그에게로 이끌어 이르시니 아담이 각 생물을 일컫는 바가 곧 그 이름이라" 말씀한 대로입니다.

하나님은 사람을 이처럼 지능이 높은 존재로 지으셨습니다. 평생 동물을 연구한 학자라 해도 수백만이나 되는 종류의 이름을 다 외우는 것은 불가능합니다. 그런데 인류의 조상인 아담은 각 동물들의 특성에 맞게 이름을 지어 주고 다스릴 만큼 뛰어난 지식과 지혜가 있었습니다.

그러나 아담이 범죄한 뒤에는 생기가 대부분 거두어졌습니다. 그가 에덴동산에 살 때에는 생기가 후손에게 자동으로 전달되었지만 에덴동산에서 쫓겨난 이후에는 그렇지 않습니다. 아담이 에덴동산에서 쫓겨나 이 땅에 왔을 때에는 생기가 흔적 정도로만 남았습니다. 그것이 바로 생명의 씨입니다.

생명의 씨는 에덴동산에서처럼 자동으로 전달되지 않기 때문에 아이가 잉태되면 6개월째 되었을 때에 하나님께서 영 안에 생명의 씨를 담아 태아의 가장 중심이 되는 세포핵에 심어 주십니다. 이때 생명의 씨는 마치 죽은 것처럼 활동하지 않습니다. 우리가 예수 그리스도를 영접할 때 우리 마음에 성령이 오셔서 생명의 씨를 깨워 주십니다.

하나님 말씀에 '하라, 하지 말라, 지키라, 버리라' 하신 대로 순종하여 마음이 진리로 채워질수록 생명의 씨가 힘을 얻고 영이 성장합니다. 영이 점점 성장하여 영의 사람이 되면 몸의 모든 기능이 영의 차원에서 조절됩니다. 그러면 뇌세포 역시 활발하게 활동하기 때문에 공부를 잘할 수 있습니다(창세기 설교 참조).

아직 영의 사람이 아니라 해도 성령의 충만함을 받으면 됩니다. 성령 충만함을 입으려면 먼저는 하나님과의 사이에 죄의 담이 없어야 합니다. 더불어 불같이 기도해야 하지요. 성령이 충만하면 성령께서 도와주시기 때문에 사람의 능력으로 불가능한 일도 얼마든지 할 수 있다는 믿음이 옵니다. 하나님께 부르짖어 기도한 뒤 공부를 시작하면 맑은 정신으로 집중하여 공부할 수 있습니다. 짧은 시간 안에 많은 분량도 충분히 소화할 수 있습니다.

### 비결 2 마음 밭을 개간하라!

IQ가 낮아도 공부를 잘할 수 있는 두 번째 방법은 마음을 옥토로 개간하여 지능을 최대한 활용하는 일입니다.

예수님께서는 사람의 마음을 밭에 비유하셨습니다. 길가밭, 돌밭, 가시떨기밭, 옥토로 분류하여 설명하셨지요. 길가밭은 하나님 말씀을 들어도 깨닫지 못하고 믿지 못하는 강퍅한 마음입니다. 돌밭은 말씀을 듣고 기뻐하며 은혜를 받지만 어떤 환난이나 핍박이 오면 시험에 들어 넘어지는 마음입니다.

또 가시떨기밭은 가시떨기가 있어 싹이 잘 자라지 못하는 마음을 말합니다. 가시떨기란 영적으로 세상 염려와 재물, 명예, 권세 등 세상적인 이익에 대한 탐심을 말합니다. 이러한 마음을 가진 사람은 스스로는 하나님 말씀대로 산다고 하지만 여전히 가정, 물질, 건강 문제 등으로 어려움을 겪습니다. 마음에서 가시떨기를 걷어내고 말씀을 제대로 행해야 열매를 잘 맺을 수 있습니다.

옥토란 단단한 흙을 갈아엎고 돌을 주워내며 가시떨기를 뽑아낸 좋은 밭입니다. 심는 대로 30배, 60배, 100배로 풍성한 열매를

## 공부는 누구나…

잘할 수 있습니다.
하나님께 지혜를 받으면 됩니다.
지혜의 근본이신 하나님을 경외할 때
솔로몬처럼 뛰어난 지혜와 지식을
소유할 수 있습니다.

거두지요(마 13:1~8, 6장 마음으로 공부하는 원리 참조). 영적으로는 비진리를 모두 버림으로 하나님의 축복을 받을 수 있는 마음입니다.

사람들은 대부분 네 가지 마음 밭의 속성이 조금씩 섞여 있습니다. 어느 속성이 많은지에 따라 마음이 다르며 이는 각 사람의 삶에 차이를 가져옵니다. 특히 신앙생활에 큰 영향을 줍니다.

평범한 씨앗이라 해도 기름진 옥토에 뿌린 후 농부가 정성스레 가꾸면 좋은 열매를 거둡니다. 그 씨앗에 담긴 잠재력을 최대한으로 발휘할 수 있기 때문입니다. 사람의 마음도 마찬가지입니다. 마음을 개간하여 착하고 좋은 마음을 만들면 자신의 능력을 최대한 발휘할 수 있으므로 좋은 결과를 얻습니다. 누가복음 8장 15절에 "좋은 땅에 있다는 것은 착하고 좋은 마음으로 말씀을 듣고 지키어 인내로 결실하는 자니라" 말씀한 대로입니다.

사실 공부를 잘할 수 있는 적절한 지능지수는 그리 높지 않습니다. 각 학교에서 1, 2위를 다투는 우등생들의 IQ 조사 결과, 보통 지능을 가진 학생이 많았다고 하지요. 미국 심리학자 터먼은 IQ가 높은 아이들을 따로 구분하여 성인이 될 때까지 관찰했습니다. 분명 놀라운 학업 성취도를 보이고 크게 성공하리라 기대했지만 결과는 그의 예상을 크게 빗나갔습니다. 선별한 아이들 중에는 학업 성취도가 높고 성공한 경우보다 평범한 성적과 직업을 가진 사례가 더 많았습니다.

이처럼 IQ는 공부를 잘하는 데 있어서 절대적인 조건은 아닙니다. IQ는 아주 낮지만 않으면 공부를 잘하기에 충분합니다. 나머지는 마음 밭이 얼마나 좋은지, 얼마나 성실한지에 따라 좌우됩니다.

머리가 좋아도 게을러서 노력을 하지 않거나, 마음 밭이 척박하면 소용이 없습니다. 오히려 머리가 좋은 것이 해가 될 수도 있습니다. 예를 들어, IQ가 높은 아이들 중에는 또래가 배우는 학습 과정이 너무 쉬워 흥미를 느끼지 못하거나, 친구들을 무시하여 학교에 적응하지 못하는 경우가 있습니다. 또 IQ가 높긴 한데 그 지능으로 컴퓨터 게임에만 몰입하여 중독이 되는 경우도 있지요. 어떤 경우에는 IQ도 높고 열심히 노력해서 성공하긴 했는데 그 두뇌를 활용하여 사기나 사이버 범죄 등 지능형 범죄를 저지르는 사람도 있습니다.

이는 IQ(씨)는 좋은데 반해 마음 밭이 좋지 않은 경우에 나타

납니다. 최근 교육계에서도 인성교육의 중요성을 절감하고 IQ 외에 EQ(Emotional Quotient) 곧 감성지수, SQ(Social Quotient)라는 사회지수 등으로 다양하게 학생들을 평가합니다. IQ 외의 다른 능력지수도 학업 성취도와 성공에 영향을 미친다는 것을 말해 줍니다. 특히 EQ는 감정적 지능지수라고도 하며 마음의 지능지수라 할 수 있습니다.

EQ에서 중시하는 능력으로는 어떤 것이 있을까요?

우선, 자신의 기분을 자각하여 이를 존중하고 납득할 수 있는 능력이 있습니다. 또 충동을 자제하고 불안이나 분노와 같은 스트레스의 원인이 되는 감정을 제어할 수 있는 능력입니다. 이어 목표 추구에 실패했을 경우에도 좌절하지 않고 자신을 격려할 수 있는 능력이지요.

이와 함께 타인의 감정에 공감할 수 있는 능력도 있습니다. 그 밖에도 집단 내에서 조화를 유지하고 다른 사람들과 협력할 수 있는 사회적 능력 등을 들 수 있습니다. 이에 대한 자세한 내용은 6장 '마음으로 공부하는 원리'에서 다루었으니 잘 양식 삼으시기 바랍니다.

우리가 비진리를 버리고 마음 밭을 옥토로 일구면 EQ가 높아집니다. EQ가 높아지면 마음을 지배하고 다스릴 수 있기에 쓸데없는 스트레스나 잡념을 버릴 수 있습니다. 따라서 IQ가 높지 않아도 마음을 개간하면 자신의 지능을 최대한 활용하여 공부를 잘할 수 있습니다.

## 비결 3 달란트를 계발하라!

자녀가 영어, 수학과 같은 학과 공부를 못하면 그에 연연하지 말고 다른 재능을 찾아 공부와 접목시킬 수도 있습니다. 요즘은 지능을 더 폭넓게 세분화해서 측정하는 추세입니다. 사람마다 취약한 분야가 있는가 하면 우수한 분야도 있기 때문입니다.

예를 들어, '다중지능'이라는 개념이 있습니다. 다중지능 이론은 인간의 지능이 IQ라는 한 가지만이 아니라 여러 종류의 지능으로 구분된다는 것입니다. 미국 하버드대학 교육심리학 교수인 하워드 가드너는 기존의 지능 검사에서 측정해 온 언어, 논리수학, 공간의 분야에 신체 운동, 음악, 대인 관계, 자기 이해, 자연 탐구 지능을 더하여 지능을 여덟 개 유형으로 구분했습니다.

이 이론에 따르면, 운동을 잘하는 학생은 신체 운동 지능지수가 높습니다. 곤충, 조류 등 생물에 관심이 많은 학생은 자연 탐구 지능이 높을 수 있습니다. 따라서 영어, 수학 등 필수 교과목을 못한다고 해서 지능이 낮은 것이 결코 아닙니다. 다른 분야를 잘할 수도 있기 때문입니다. 그러므로 잘하는 분야를 찾아 계발하도록 격려하면 자녀 스스로 공부에 흥미를 가질 수 있습니다.

어떤 부모는 자신이 이루지 못한 꿈을 자녀에게 강요합니다. 무조건 "너는 판사나 의사가 되어야 한다."며 부담을 줍니다. 또한 스스로 진로를 선택하고 결정할 수 있는 자유를 박탈해 버립니다. 만일 자녀가 부모의 희망사항을 받아들이지 못하거나 그 분야에 재능이 없다면 얼마나 힘들겠습니까?

그렇다고 해서 무조건 재능에만 치중하여 '나는 운동, 예능분야에 소질이 있으니까.' 하고 학과 공부와는 담을 쌓아도 된다는 의미가 아닙니다. 기초 지식은 어느 분야에나 필요합니다.

예를 들어, 언어 능력이 있어야 다른 사람들과 의사소통을 잘할 수 있습니다. 또 과학을 좋아하는 학생도 계산 능력이 있어야 보다 깊이 있는 공부를 할 수 있지요. 예능 분야를 공부하는 학생도 다방면으로 지식을 습득하고 사고력을 기르면 창의력을 더 크게 발휘할 수 있습니다. 무엇보다도 학교 교육 과정을 통해 성실성과 사회성을 기를 수 있지요.

따라서 잘하는 분야만 공부하기보다는 부족한 분야를 최선을 다해 채워 나가는 것이 현명한 공부법입니다.

잠언 9장 10절에 “여호와를 경외하는 것이 지혜의 근본이요 거룩하신 자를 아는 것이 명철이니라” 했습니다. 이는 솔로몬이 감동 속에 한 고백입니다. 솔로몬은 왕위에 오른 뒤 하나님께 정성을 다해 일천번제를 드렸습니다. 그러자 하나님께서는 매우 기뻐하셨고, 그의 소원대로 지혜를 주셨습니다. 그의 지혜는 동양 모든 사람의 지혜와 애굽의 모든 지혜보다 뛰어났지요(왕상 4:29~30).

이처럼 지혜는 하나님께로부터 옵니다. 지혜의 근본이신 하나님을 경외할 때 솔로몬처럼 뛰어난 지혜와 지식을 소유할 수 있습니다. 하나님을 경외하는 것은 악을 미워하고 하나님의 계명을 지켜 행하며 하나님을 전폭적으로 신뢰하는 것입니다(잠 8:13, 16:6). 하나님을 경외하면 하나님께서 본래 사람에게 주신 뛰어난 능력을 회복하여 공부를 잘할 수 있습니다. 그러므로 마음을 옥토로 일구어 하나님을 기쁘시게 함으로 지능을 높이고 공부도 잘할 수 있기 바랍니다.

+ Plus Message

## IQ보다 중요한 마음가짐!

IQ 검사는 1905년 심리학자 알프레드 비네에 의해 고안되었습니다. 1차 세계대전 참전을 급히 결정한 미 육군이 짧은 시간에 많은 장병을 선발하기 위해 고안한 방법입니다. 이것이 1955년 데이비드 웩슬러라는 심리학자에 의해 보다 체계적이고 과학화되었습니다. 하지만 단순히 수치화된 IQ로 사람의 지능과 심리를 전부 알 수는 없습니다.

2003년 한국교육개발원이 1980년 전후로 태어난 영재들의 대학 진학 결과를 추적했습니다. 뜻밖에도 그들은 대부분 중위권 이하의 대학에 진학하고 절반 이상이 상식적인 기대 수준에도 못 미치는 것으로 나타났습니다. 오히려 세계를 움직이는 리더와 인재들은 타고난 두뇌보다는 노력을 바탕으로 성공한 경우가 많습니다.

우리가 진정으로 높이 평가해야 하는 것은 IQ나 재능이 아니라 노력입니다. 불가능한 상황을 가능하게 만드는 일, 어려운 상황을 극복하는 일, 숨겨져 있던 능력을 발굴해 내는 일, 그런 노력으로 얻은 성과가 값지고 훌륭한 것입니다.

1912년 영국 빈민가에서 태어난 빅터 세레브리아코프는 어린 시절 어눌한 말투에 학교 수업도 따라가지 못할 만큼 둔재였습니다. '바보'로 불리던 그는 15살 때 학교를 자퇴하고 사회생활을 시작했지만 얼마 가지 않아 회사에서도 해고되었습니다. 떠돌이 막노동꾼으로 생계를 이어가며 끝없이 자신을 바보라고 자책했지요.
2차 세계대전이 일어나자 빅터는 군대에 자원 입대하는데, 그때 받은 지능검사에서 놀라운 결과가 나왔습니다. IQ 178이었지요. 자신의 IQ를 확인한 빅터는 자신감을 갖고 그동안의 삶과 180도 다른 생활을 시작합니다. 군에서는 빅터에게 신병 교육을 담당하는 중책을 맡겼고 그는 훌륭하게 임무를 수행했습니다.
그 후 장교자리를 거절하고 과거 자신이 실패했던 분야인 목재 회사에 취업, 목재 등급을 자동으로 측정하는 기계를 발명하였습니다. 마침내 영국 목재 표준위원회 위원장에 임명되었습니다. 또한 그는 뛰어난 리더십을 발휘해 1953년 상위 2% 두뇌들만 모인다는 멘사 최고 경영자로 선출됩니다. 최근 그의 삶을 토대로 엮은 책 '바보 빅터'가 출간되어 베스트셀러에 올랐습니다. 이처럼 삶에 더 큰 영향을 미치는 것은 IQ가 아니라 마음가짐입니다.

Part 3

# 열악한 환경에서도 공부 잘하는 비결

그런즉 너희가
먹든지 마시든지 무엇을 하든지
다 하나님의 영광을 위하여 하라

고린도전서 10:31

'맹모삼천지교(孟母三遷之敎)'라는 중국 고사가 있습니다. 맹자의 어머니가 아들의 교육을 위해 세 번 이사를 한 데서 유래한 말입니다. 아버지를 일찍 여읜 맹자는 어머니 손에 양육을 받았습니다. 그의 어머니가 아들 교육을 위해 처음 이사한 곳은 공동묘지 근처였습니다. 함께 놀 친구가 없었던 맹자는 곡소리를 내고 장례 치르는 모습을 흉내 내며 놀았습니다. 놀란 그의 어머니는 시장 근처로 이사를 했습니다. 그러자 이번에는 아들이 물건 파는 시늉을 하며 놀았습니다.

그곳도 아이와 함께 살 곳이 아니라 여겨 세 번째로 이사한 곳이 서당 근처였습니다. 그곳에서 마침내 맹자가 글 읽기를 즐기고 예법을 흉내 내는 것을 보고 정착하였다고 합니다. 맹자가 훌륭한 학자가 된 데에는 어머니의 가르침과 지혜가 바탕이 되었습니다. 2천 년도 더 거슬러 올라가는 시대의 이야기가 아직도 사람들 사이에 회자되는 이유는 무엇일까요?

성장기를 어떤 환경에서 무엇을 보고 들으며 보내느냐가 그만큼 중요하기 때문입니다. 바로 공부를 잘하기 위한 둘째 조건은

'좋은 환경'입니다. 그러면 공부를 잘하기 위해서는 어떤 환경이 필요할까요?

## 화목하여 안정된 가정

가정은 자녀를 안전하게 보호하는 가장 기본적인 울타리입니다. 편안하게 공부에 집중할 수 있도록 만들어 주어야 하지요. 이런 분위기를 만드는 데 필수적인 조건은 가족 간의 사랑과 관심입니다. 예를 들어, 부부나 형제간에 다툼이 끊이지 않는 가정에서 공부를 하라고 한다면 포탄이 날아다니는 전장에서 공부하라는 것과 같습니다. 혹여 '우리 부부는 다퉈도 큰 소리를 내지 않는데?' 라고 생각하십니까? 신경전도 무언의 전쟁입니다.

아동기나 청소년기는 심리적으로 매우 예민한 시기입니다. 작은 변화도 민감하게 느끼기 때문에 영향을 받기 쉽지요. 밝지 않은 부모의 표정을 자녀들이 모르겠습니까? '부모님이 또 싸우셨구나….' 하고 불안해하고 걱정합니다.

또 부모가 다투지는 않지만 자녀에게 지나치게 무관심한 경우에도 가정에서 안정감을 느끼기 어렵습니다. 가령, 부모가 바쁘다고 자녀들을 방치하다시피 합니다. 자녀들만 집에 남아 있거나 요즘은 형제가 없는 경우가 많아 대부분 혼자 있게 되지요. 아이들은 오랜 시간 부모와 떨어져 있으면 정서적으로 불안해합니다. 더구나 TV나 인터넷 같은 매체에 무방비 상태로 노출됩니다. 또한 부모가 맞벌이를 하는 경우에는 자녀들과 늘 함께할 수 없어 충분한 사랑과 관심을 쏟기가 쉽지 않습니다.

중·고등학생 자녀를 두신 부모의 경우 "우리 아이는 다 컸는데…." 하고 마음을 놓기도 하지만 그렇지 않습니다. 요즘 청소년들은 외모가 어른과 비슷하지만 내면까지 성숙한 것은 아닙니다. 스스로 절제하고 올바른 판단을 하기에는 아직 미숙하기 때문에 부모의 도움이 필요합니다. 그렇다고 해서 24시간 내내 자녀를 감시하라는 말은 아닙니다. 지나친 간섭은 역효과를 낼 수 있습니다. 부모의 관심을 구속으로 느낄 수도 있고 무조건 부모의 통제에 따르라고 강요하면 자율성이나 독립성이 길러지지 않습니다.

그러니 각자의 상황과 형편 속에서 최선을 다하여 자녀가 부모의 보살핌과 따뜻한 사랑을 받고 있다고 느끼게 해 주어야 합니다.

신앙생활 하는 성도들은 자녀를 하나님께 맡기는 심정으로 늘 기도합니다. 그러나 이것으로 '부모의 역할을 다했다.' 해서는 안 됩니다. 다른 일로 바빠도 틈틈이 자녀를 돌아보아야 합니다. 예배와 기도생활은 물론이고 숙제는 잘하는지, 어려워하는 과목은 없는지, 친구들과는 잘 지내는지, 말 못할 고민은 없는지 두루 관심을 가지고 살펴야 합니다.

"공부하느라 힘들지? 조금만 더 열심히 하자. 엄마와 아빠가 기도로 도와줄게. 간식 먹고 조금 쉬었다 하렴." 하며 격려해 보십시오. 또 "엄마 아빠가 도와줄 일은 없니? 도움이 필요하면 언제든지 얘기하렴." 하고 마음을 쓰면 자녀가 부모의 사랑을 느끼므로 힘을 얻습니다.

잠언 27장 23절에 "네 양 떼의 형편을 부지런히 살피며 네 소 떼에 마음을 두라" 했습니다. 화초 하나, 작은 동물 한 마리를 키운다 해도 얼마나 손이 많이 갑니까? 정성을 들인 만큼 화초나 동물도 튼튼하게 잘 자랍니다. 하물며 사랑하는 자녀들을 양육하려면 얼마나 마음을 써야 하겠습니까? 자녀는 하나님께서 맡겨 주신 영혼이므로 영육 간에 잘 돌보아야 합니다.

하루 일과 중 자녀와 함께할 시간이 별로 없고 경제적으로 든든하게 뒷받침해 주기 어려울 수도 있습니다. 그럴지라도 매 순간 최선을 다해 "엄마 아빠는 너를 사랑한단다."라고 진심을 전해준다면 자녀는 사랑의 울타리 안에서 평안함을 느끼고 자연스레 공부에 집중할 수 있습니다.

자녀 양육...
화초나 동물도 정성을 들인 만큼 잘 자랍니다.
하물며 사랑하는 자녀는 어떻겠습니까?
자녀는 하나님께서 맡겨 주신 영혼이므로
영육 간에 잘 돌보아야 합니다.

## 면학 분위기가 조성된 가정과 학교

어떤 부모는 자녀에게 "공부해라, 공부해라." 하고 자신은 TV 드라마나 스포츠 중계 방송을 시청합니다. 또는 공부방이 가까운 거실에서 가족들이 모여 큰 소리로 웃으며 대화합니다. 이런 상황에서 공부하는 자녀의 마음이 어떨까요?

눈은 책을 향하고 있어도 마음은 들뜨기 쉽습니다. '지금 TV에서 뭐가 나오길래 저렇게 웃으실까?' 하고 궁금하지 않겠습니까? 몸은 공부방에 있어도 마음은 문 밖에 있지요. '우리 아이는 아직 어리니 괜찮을 거야….' 하고 대수롭지 않게 여기며 TV를 즐겨 시청한다면 자녀에게 나쁜 영향을 줄 수 있습니다. 성장하면서 자연히 공부를 등한히 하고 TV 시청을 즐기는 자녀가 될 수 있습니다.

반면 부모가 TV를 보는 대신 책이나 성경을 즐겨 읽고 설교나 찬양을 듣는다면 공부하기 좋은 분위기가 자동으로 만들어집니다. 좋은 책을 쉽게 접할 수 있도록 집 안 분위기를 만들고 부모가 본을 보이면 독서를 즐겨하는 아이로 성장할 수 있습니다. 자녀는 부모의 거울이므로 무조건 자녀만 탓할 일이 아닙니다. 물론 학생들 스스로도 공부에 방해되는 요소들을 접하지 않기 위해 힘써야 합니다.

가정 이외의 주변 환경도 중요합니다. 학교는 학생들이 가정 못지 않게 많은 시간을 보내는 곳입니다. 학교가 전반적으로 열심히 공부하는 분위기이면 자연스럽게 그 흐름을 타기 마련입니다. 또 주변에 좋은 친구가 많으면 공부에 큰 도움이 됩니다. 만나면 같이 공부할 수 있는 친구, 시험 출제 유형과 효율적인 공부법을 공유할 수 있는 친구, 모르는 내용을 친절하게 가르쳐 주는 실력 있고 착한 친구를 사귀면 참으로 유익합니다.

어떤 학생은 성적이 전교 하위권이었는데, 고등학교 1학년 말부터 공부하기 시작했다고 합니다. 그 계기는 다름 아닌 친구들의 변화였습니다.

같이 PC방에 다니며 게임을 즐기던 친구들이 하나둘 독서실로, 학원으로 향하자 함께 놀 친구가 없었습니다. 그러다 보니 어느 순간 '더 이상 이렇게 살아서는 안 되겠다.'는 생각이 들었지요.

그 후 공부에 전념하기 시작했습니다. 처음에는 워낙 기초가 없는 데다 공부하는 습관조차 없었기에 쉽지 않았습니다. 그러다가 반에서 1등을 하는 친구를 그대로 따라해 보았습니다. 그러자 할 수 있다는 자신감이 생겼습니다. 이와 더불어 공부에 투자하는 만큼 성적은 올랐고 결국 우리나라 최고 명문대에 합격했습니다.

이처럼 학창시절에는 주변에 어떤 친구가 있느냐에 따라 영향을 받습니다. 뿐만 아니라 선생님도 영향을 줍니다. 꿈을 심어 주고 칭찬과 격려를 아끼지 않는 선생님이 곁에 있으면 공부를 잘할 가능성이 큽니다. 좋아하는 선생님이 가르치는 과목에서 우수한 성적을 거둔다는 통계를 보면 알 수 있지요. 직장인들도 부서 안에서 동료들이 끊임없이 자기 계발을 하는 분위기라면 자신도 공부하는 사람이 됩니다. 반면, 주변 사람이 대부분 현실에 안주한다면 그 분위기에 휩쓸려 도태되기 쉽습니다.

## 좋은 영향을 주는 주변 환경

그 밖에 거주하는 동네나 자주 만나 교제하는 사람들도 빼놓을 수 없는 환경요인이라 할 수 있습니다. 맹자의 어머니는 경험을 통해 이런 사실을 깨닫고 아들을 위해 좋은 환경을 찾아 이사했던 것입니다.

크리스천 학생들에게 인접한 환경 중 하나가 교회입니다. 우리 교회에서는 학생들이 신앙생활을 열심히 하면서 공부도 잘할 수 있는 환경을 만들기 위해 항상 노력합니다. 방학 때마다 영어, 수학 강좌를 개설하는 이유도 면학 분위기를 만들어 주기 위함입니다. 성도들이 항상 말씀 무장에 힘쓰고 열심히 기도하는 모습도 학생들에게 영향을 끼칩니다. 직장이나 일터 등에서 인정받아 하나님께 영광 돌리는 성도들의 모습도 학생들에게 동기 부여가 되지요. 학생들을 격려하고 기도해 주는 것 또한 공부하는 데 큰 힘이 됩니다. 이처럼 학생들이 공부하기에 좋은 환경을 만드는 일은 우리 모두의 몫입니다.

혹여 '나는 가정이나 학교가 좋은 환경과는 거리가 먼데 어떻게 해야 하나?' 하는 생각이 드십니까? 환경이 좋으면 금상첨화이지만 절대적인 조건은 아닙니다. 또 여러모로 좋은 환경을 다 갖춘 상태에서 공부하는 학생들은 드뭅니다. 자신의 의지와 상관없이 가정 형편이 좋지 않거나, 신앙생활을 하지 않는 부모와 함께 생활하는 경우도 있지요.

그러면 열악한 환경을 바꾸기 어려운 경우, 공부를 잘하려면 어떻게 해야 할까요? 환경을 지배하면 됩니다.

어려운 환경을 극복하고 열심히 공부하여 성공한 사람들의 사례를 많이 들어보았을 것입니다. 반기문 현 UN(국제연합) 사무총장도 어려운 환경이라는 파도를 역이용하여 높이 비상한 분입니다. 한국전쟁 직후 초등학교에 입학한 그는 천막에서 변변한 책걸상도 없이 공부했지요. 당시 그는 전쟁이 휩쓸고 지나간 가난한 나라의 소년에 불과했습니다.

이런 환경 속에서 성장한 그는 한국을 도우러 온 외국인들을 보면서 더 큰 세상에 대한 호기심을 가졌습니다. 영어를 공부하고 싶었지만 제대로 된 교재가 거의 없었습니다. 여기서 좌절하지 않고 스스로 공부하는 법을 터득하여 영어를 더 빨리 익혔지요. 그 결과 지방 학생으로서는 쉽지 않은 미국 연수 기회를 따냈습니다. 연수 기간 중 그는 케네디 대통령에게 "당신의 꿈은 무엇입니까?" 라는 질문을 받았습니다. 그때 당당히 외교관이라 대답했지요. 이 짧은 만남은 꿈을 이루는 원동력이 되었습니다.

궁핍한 가정에서 태어난 그는 동생들이 북적이는 방에서 공부해야 했습니다. 부모가 바쁠 때에는 장작을 패거나 돼지를 치는 등 집안일을 돕고 어린 동생들을 돌봤습니다. 그런 상황에서도 불평하지 않고 고생하는 부모님을 생각하여 즐겁게 일하며 공부했지요. 환경에 치우치지 않고 최선을 다한 결과 서울대학교 외교학과에 입학할 수 있었습니다.

어려운 시절의 경험은 오히려 열악한 상황을 극복하는 지혜와 리더십을 키우는 훌륭한 자양분이 되었습니다. 더불어 이러한 환경이 그를 더욱 겸손하고 노력하는 사람으로 만들었습니다. 그가 외교관으로 있을 때 사람들은 늘 겸손하고 열정적인 그에게 기꺼이 조력자가 되어 주었습니다. 결국 그는 UN 사무총장에 선출되어

## 더 멀리, 더 높이...

공부를 방해하는 것은 환경이 아닙니다.
이에 굴복하고 불평하게 만드는
자신의 마음이 발목을 잡습니다.
믿음으로 하나님을 의지하면 환경을 초월하여
더 멀리, 더 높이 비상하게 됩니다.

세계 평화에 기여하는 리더가 되었습니다.

누구나 이렇게 할 수 있습니다. 현재 자신이 열악한 환경에 놓여 있다면 '나를 더 깊고 큰 그릇으로 만드는 좋은 환경'이라 긍정적으로 생각하시기 바랍니다. 그리고 주어진 상황에서 최선을 다할 때 하나님께서 그 믿음대로 이루어 주십니다.

## 열악한 환경에서도 공부를 잘하려면

공부를 방해하는 요소는 환경이 아닙니다. 환경에 굴복하고 원망과 불평, 믿음 없는 고백을 하게 만드는 자신의 마음이 발목을 잡습니다. 믿음으로 하나님을 의지하면 '열악한 환경'이라는 험난한 파도도 얼마든지 뛰어넘을 수 있습니다. 오히려 그 파도를 이용하여 더 멀리, 더 높이 비상할 수 있지요.

특히 하나님을 믿는 사람들은 환경을 지배하기에 더 유리합니다. 하나님께 능력을 받아 믿음으로 현실을 지배하고 다스리기 때문입니다. 이에 관한 영적인 원리를 간단히 설명하자면, 영의 세계는 육의 세계를 지배하고 다스린다는 사실입니다.

우리 앞에 놓인 환경은 육의 세계입니다. 눈에 보이지 않는 영의 세계는 육의 세계보다 차원이 높기 때문에 우리가 믿음으로 행하면 얼마든지 환경을 정복하고 다스릴 수 있습니다. 이 믿음은 우리가 성경 말씀대로 행할 때 하나님께서 주십니다. 이러한 믿음이 있을 때 사람의 능력으로는 도저히 불가능한 일도 할 수 있다는 확신이 옵니다.

대개 사람들은 시끄럽고 어수선한 장소에서는 집중하기 어렵습니다. 공부하려고 하는데 밖에서 싸우는 소리가 계속 들립니다. 또 전화벨이 쉴 새 없이 울리거나, 뜻밖의 손님이 찾아옵니다. 개중에는 정신력으로 어느 정도 극복하는 사람도 있지만 의지가 강하지 않고서는 집중하여 공부하기가 어렵습니다.

그런데 믿음으로 환경을 지배하는 사람은 다릅니다. 성령께서 도와주시기 때문에 사람의 한계를 초월합니다. 아무리 시끄러운 환경에 놓여도 잠시 기도를 하면 하나님께서 집중력을 주셔서 능히 소음을 차단하고 공부에 몰입할 수 있습니다. 믿음으로 환경을 지배하기 때문에 주위의 소란이 상관이 없지요.

학생들이 공부하다 보면 스스로 어찌할 수 없는 환경에 놓일 때가 있습니다. 아르바이트를 해야 하거나, 실기 연습이나 훈련을 공부와 병행해야 하는 경우, 공부할 시간이 절대적으로 부족할 수 있습니다. 그럴 때에는 쉬는 시간이나 이동하는 시간 등을 이용해

짬짬이 공부해야 합니다. 믿음으로 환경을 지배하면 언제 어디서 공부하든지 집중할 수 있습니다. 보고 듣는 감각이나 신경을 마음먹은 대로 통제할 수 있지요.

뿐만 아니라 정서적 환경도 지배하고 다스릴 수 있습니다. 믿음으로 환경을 지배하는 사람은 이미 자신의 마음을 지배하고 다스릴 수 있기 때문입니다.

가령, 부모가 자주 다투거나 일하느라 바빠 자녀에게 마음을 쓰지 못한다고 합시다. 또 경제적인 여유가 없어 학업에 필요한 노트북이나 전자사전, 학용품 등을 구입하기도, 학원을 다니기도 어렵다면 일반적으로 공부할 마음이 나지 않을 것입니다. '우리집은 왜 이럴까? 공부는 해서 무엇 하나?' 열등감이 생기고 부정적인 생각이 밀려듭니다.

그러나 믿음으로 자신의 마음을 다스리는 사람은 선한 생각을 합니다. '부모님은 나를 위해 최선을 다해 일하시는데 얼마나 힘드실까? 내가 더 열심히 공부해서 힘이 되어야지.' 하고 마음을 다집니다. 가정 형편이나 부모를 탓하지 않고 힘이 되고자 최선을 다하지요.

학비나 생활비를 마련하기 위해 아르바이트를 하는 학생이라면 믿음으로 긍정적인 고백을 해 보십시오. "나는 일찍부터 독립 정신을 기를 수 있으니 얼마나 감사한가? 내가 부모님을 도와드리니 아버지 하나님께서 나를 얼마나 사랑스럽게 바라보실까?" 이렇게 마음을 지배하고 다스리면 하나님께서 반드시 도와주십니다. 주변 환경을 바꿔 주시거나 짧은 시간에 공부를 잘할 수 있는 능력을 부어 주십니다.

## 믿음으로 환경을 지배하고 승리한 요셉

믿음의 선진들 중에 좋은 환경에서만 있었던 사람은 없다시피 합니다. 하나님께서는 극복하기 어려운 고난 속에서 그들을 택하셨습니다. 오직 하나님의 능력으로만 가능한 일을 삶 속에 베푸셨지요. 그중에 요셉이 대표적인 인물입니다.

믿음의 조상 아브라함의 증손자인 요셉은 어린 시절 어머니를 잃었습니다. 게다가 17세에 아버지와도 생이별을 했습니다. 아버지 야곱의 사랑을 독차지하던 그를 이복형들이 미워하여 미디안 상인들에게 팔아버렸기 때문입니다. 부모의 사랑을 받으며 성장할 나이에 낯선 땅 애굽에서 시위대장 보디발의 노예로 고단한 삶이 시작됩니다.

하지만 그는 자신이 처한 상황을 비관하여 한탄하거나 하나님을 원망하지 않습니다. 오직 주어진 일에 최선을 다하니 하나님께서 그와 함께하심으로 주인의 인정을 받아 가정총무로 발탁됩니다.

그런데 또 다른 시련이 그를 기다리고 있었습니다. 안주인의 모함으로 깊은 감옥에 갇힌 것이지요. 이때에도 요셉은 좌절하지 않았습니다. 함께하시는 하나님을 믿기에 그곳에서도 성실하게 일하니 결국 전옥에게 인정받아 옥중의 제반 사무를 맡게 됩니다. 그때 만난 두 관원장의 꿈을 하나님께서 주신 지혜로 정확히 해석한 것을 계기로 애굽 왕의 꿈을 해석하는 기회가 주어졌습니다. 그는 왕의 꿈 해석은 물론 문제에 대한 해결 방법까지 제시하여 애굽의 총리가 되었습니다.

요셉의 인생 여정은 실패가 아니라 속성으로 총리의 자질을 갖추게 하시려는 하나님의 특별한 교육 과정이었습니다. 보통 사람이라면 낙망하고 포기했을 법한 환경을 잘 이기고 총리가 될 수 있었던 이유는 무엇일까요? 가슴에 하나님이 주신 꿈을 품었고 열악한 환경에도 좌절하지 않고 최선을 다하며 믿음으로 승리했기 때문입니다.

세상 사람들은 인맥이나 부, 권세 등 좋은 배경을 의지하거나 자랑하기도 합니다. 그러나 시편 20편 7절에 "혹은 병거, 혹은 말을 의지하나 우리는 여호와 우리 하나님의 이름을 자랑하리로다" 한 대로 하나님을 의지하고 자랑하는 사람에게는 하나님께서 든든한 후원자가 되어 주십니다.

요셉처럼 때때로 어려운 상황에 처하더라도 '내 곁에는 아버지 하나님이 계시지.' 하고 힘을 내야 합니다. 믿음의 눈으로 보면 열악한 환경은 하나님께 영광 돌리는 사람으로 단련시키는 축복의 과정입니다. 어떤 환경이든 믿음으로 극복하겠다는 각오로 공부에 임하시기 바랍니다.

+ Plus Message

# 부모와의 관계

평소 부모와의 관계가 제대로 형성되지 않은 자녀들은 대체로 실패와 도전의 순간에 낙심하고 포기하는 경향이 있습니다. 그러므로 어려서 형성되는 능력들이 자녀의 인생 방향을 바꿀 수도 있음을 기억하여 자녀에게 긍정적이고 선한 영향을 끼치시기 바랍니다.

**〈A 가정〉**

**어머니** 아들아, 너는 허구한 날 게임만 할 거니?
도대체 공부는 언제 할 거야? 나중에 뭐가 되려고 저러는지….
동생이 뭘 보고 배우겠니?

**아들** 조금만 하고 안 할 거라구요!
자꾸 그러니까 엄마랑 말하기 싫어.

**〈B 가정〉**

**어머니** 너 어제 밤새 컴퓨터 했니?
엄마는 네가 게임을 많이 하는 것 같아 걱정돼.
엄마가 말하지 않더라도 스스로 절제하면 좋지 않을까?

**아들** 다음에는 절제하도록 할게요. 사실 제가 좀 무리했죠.
조금만 더 하다가 자려고 했는데 시간이 그렇게 된 줄 몰랐어요.
근데 시간 계획을 세우면 지킬 수 있을까요?

흔히 가정에서 볼 수 있는 대화법은 A의 경우에 해당합니다. 부모가 자녀의 부족한 모습을 탓하기 전에 서로 간의 소통에 문제가 있는 것은 아닌지 살펴야 합니다.
대화의 기본 요소는 '존중'과 '공감'입니다. 부모가 자녀에게 인신공격성 발언을 서슴지 않고 한다면 자녀는 잘못을 깨닫기보다는 분노나 슬픔으로 스스로를 방어하게 됩니다. 자녀를 하나의 인격체로 존중하는 마음을 갖고 대화를 유도해야 자녀가 잘못을 인정하고 부모의 조언을 수용하려는 자세를 취합니다.

자녀를 야단칠 때에도 "화가 많이 났구나.", "그날 상황이 이해가 가는구나."라는 공감으로 시작하면 한결 대화하기가 수월합니다. 그런 뒤, 부모의 마음과 상황을 설명하고 자녀에게 바라는 부분을 제시하면 자녀는 자신이 고쳐야 할 점을 깨닫게 됩니다.
자녀가 고치려고 노력한다면 칭찬해 주는 것이 좋습니다. 막연히 "아유, 우리 딸, 착하네~", "당연히 그렇게 해야지." 하는 것은 도움이 되지 않습니다. "깨우지 않아도 일찍 일어나려고 노력하니 엄마가 흐뭇하고 기쁘네." 하며 구체적으로 칭찬하는 것이 좋습니다.

Part 4

# 잡념 없이 집중하여 공부 잘하는 비결

육신의 생각은 사망이요
영의 생각은 생명과 평안이니라

로마서 8:6

문득 시계를 보다가 "벌써 시간이 저렇게 됐나?"라고 놀랐던 적이 있습니까? 이 말에는 '별로 한 일도 없는데 시간이 많이 흘렀다'는 아쉬움 혹은 열심히 일하느라 시간 가는 줄 몰랐다는 의미가 담겨 있습니다. 여러분은 주로 어느 쪽에 속하십니까? 시간에 쫓겨 뭔가 하긴 하는데 성과가 적다고 느낀다면 집중력이 부족하기 때문입니다.

집중력을 키우면 긴 시간이 짧게 느껴질 정도로 공부나 일에 몰입할 수 있습니다. 넓게 퍼져 있는 태양빛을 돋보기로 하나의 초점에 모으면 종이를 태우는 위력을 발휘합니다. 사람의 집중력도 이런 놀라운 힘을 발휘합니다. 특히 집중력은 잠재력, 곧 하나님께서 우리에게 심어놓으신 숨은 능력을 이끌어냅니다. 이런 잠재력을 극대화하면 자신의 분야에서 최고가 될 수 있습니다.

따라서 공부 잘하기 위해 필요한 세 번째 조건은 '잡념 없이 공부에 집중하는 능력'입니다.

## 잡념의 근원을 파악하여 제거해야

'잡념'이란 간단히 말해 여러 가지 쓸데없는 생각들입니다. 공부하는 데에 방해가 되는 생각들이 바로 잡념입니다. 학생이라면 오락이나 멋있는 연예인, 이성 친구 등이 떠올라 고민합니다. 성인이라면 회사 일, 가정사, 경제적인 문제 등으로 마음이 어수선하기도 합니다.

잡념을 떠올리지 않으려고 하면 더 떠오릅니다. 공부하는 시늉은 하는데 머릿속에는 온통 딴생각만 가득하지요. '내일 친구랑 놀러 가기로 했는데 어디가 좋을까? 요즘에는 OO 콘서트가 인기 있다던데 그곳에 가보자고 할까? 무슨 옷을 입을까? 어디서 만나지?' 생각이 꼬리에 꼬리를 물고 떠오릅니다.

아무리 책상 앞에 오래 앉아 있어도 집중하지 않으면 성과가 나지 않습니다. 공부를 하든 회사에서 업무를 하든 잡념에 사로잡혀 있으면 하루 만에 끝낼 일도 이틀, 사흘 붙잡고 있어야 합니다. 얼마나 비효율적입니까? 잡념 속에 공부하면 마치 화살을 무수히 쏘아대지만 표적을 전혀 맞추지 못하는 것처럼 헛된 일입니다.

그러면 눈에 보이지 않는 잡념을 어떻게 해야 떨쳐 버릴 수 있을까요? 우선 잡념의 근원을 파악하여 제거해야 합니다. 그럴 때 집중력을 키워 하루 24시간을 48시간처럼 매우 효율적으로 활용할 수 있습니다.

잡념을 떠올리지 않으려 하는데도 자꾸 떠오르는 이유는 보고 들은 내용이 느낌과 함께 기억 장치에 입력되었기 때문입니다. 이해를 돕기 위해 잠시 '생각'에 대해 설명하겠습니다.

사람의 두뇌에는 기억 장치가 있습니다. 태어나 자라면서 보고 들은 것이 느낌과 함께 기억 장치에 지식으로 저장됩니다. 그 지식이 재생되는 것이 생각이지요. 즉 기억 장치에 지식이 있는 한 이와 연관된 무언가를 접하면 그것이 생각으로 재생됩니다.

가령, 인터넷 검색 사이트에서 '사과'라는 단어를 치면 사과와 관련된 온갖 지식이 뜹니다. 우리 뇌도 이와 비슷합니다. 우연히 사과를 보았는데 갑자기 사과와 관련된 기억이 떠오릅니다. 그런데 기억 장치에 어떤 지식이 입력될 때 그것을 어떤 느낌으로 저장했느냐가 기억에 큰 영향을 미칩니다.

특히 세상에 속한 것들은 대체로 자극적이므로 보고 들을 때 강한 느낌과 함께 기억 장치에 입력되기 쉽습니다. 여기서 세상에 속한 것이란, 하나님과 상관이 없는 온갖 비진리를 말합니다. 예를 들어, 미움, 다툼, 간음, 공포, 혈기, 교만 등 수없이 많습니다. 이런 것들은 강한 느낌과 함께 입력되면 기억 장치 속에 깊이 심어지고 지속력도 강합니다.

논에 모를 심을 경우, 얕게 심으면 물결이 일 때 쉽게 뽑혀 버리지만, 깊게 심으면 뿌리를 내리고 잘 자랍니다. 마찬가지로 별 느낌 없이 보고 들은 내용은 깊이 심기지 않기 때문에 하루, 이틀, 사흘, 시간이 흐르면서 기억 장치에서 빠져 나갑니다.

반면에 느낌과 함께 심긴 지식들은 오래 남습니다. 바로 '느낌'이 기억 장치에 지식을 깊게 심는 작용을 하기 때문입니다.

어렸을 때 큰 화재를 겪었다면 그 순간을 평생 잊지 못합니다. 당시 날씨는 어땠는지, 어떤 옷을 입었는지, 다른 사람들은 어떻게 행동했는지를 어제 일처럼 또렷이 기억하지요. 잊고 지내는 듯하지만 그 경험과 연관된 일을 접하면 불현듯 떠오릅니다. 나아가 전쟁, 고문, 자연재해, 사고 등 끔찍한 사건을 통해 정신적으로 큰 충격을 받은 사람은 외상 후 스트레스 장애(트라우마)를 겪습니다. 이는 당시의 충격적인 느낌이 계속 재현되면서 일상생활에 지장을 받을 만큼 고통을 느끼는 정신적 장애입니다.

마찬가지로 세상에 있는 비진리를 접할 때 별 느낌이 없었다면 금방 잊어버립니다. 하지만 좋은 느낌이든 싫은 느낌이든 어떤 강한 느낌을 가졌다면 그것이 잘 기억되고 다시 떠오릅니다. 또 학생들의 경우 감수성이 예민하고 두뇌 작용이 활발하여 대부분 어른들보다 기억을 잘합니다. 때문에 이전에 느낌과 함께 입력한 사실들이 더 잘 떠오릅니다. 그렇다면 이런 것들이 어떻게 잡념이 되는지 몇 가지 유형을 살펴보겠습니다.

## 잡념이 되는 여러 유형

### 세상 비진리에 대한 호기심

호기심이란 새롭고 신기한 것에 이끌리는 마음입니다. 성장기에 있는 학생들은 호기심이 많습니다. 어른들에 비해 처음 접하는 지식도 많고 신기한 일도 많지요. 호기심 자체는 나쁘지 않습니다. 문제는 세상 비진리에 호기심을 느낀다는 점입니다.

요한일서 2장 15~16절에 "이 세상이나 세상에 있는 것들을 사랑치 말라 누구든지 세상을 사랑하면 아버지의 사랑이 그 속에 있지 아니하니 이는 세상에 있는 모든 것이 육신의 정욕과 안목의 정욕과 이생의 자랑이니 다 아버지께로 좇아 온 것이 아니요 세상으로 좇아 온 것이라" 말씀합니다.

육신의 정욕이란, 쉽게 말하면 죄를 범하고자 하는 속성을 말합니다. 대부분의 사람들은 미움, 시기, 간음 등 비진리를 행하려는 속성을 가지고 있어서 죄를 범할 수 있는 환경과 조건을 만나면 이내 육신의 정욕이 드러납니다.

안목의 정욕이란, 비진리에 속한 것을 눈으로 보고 귀로 들음으로 인해 마음이 동요되고 그것을 추구하고자 하는 속성을 말하며, 이생의 자랑이란 현실적인 향락을 좇아 자기를 드러내기 위해 자랑하는 속성을 의미합니다. 이처럼 잡념을 제공하는 원인은 진리가 아닌 비진리의 세상입니다.

어떤 학생이 영화를 보다가 연인들이 스킨십 하는 장면을 난생처음 보고 강한 충격을 받았습니다. 그 후 수업 시간, 자습 시간 할 것 없이 자꾸 그 장면이 떠오릅니다. '이성과 스킨십 하면 어떤 느낌일까?' 하고 호기심이 발동하지요.

세상 비진리에 호기심을 가지면 원수 마귀 사단은 그 기회를 놓치지 않습니다. 눈에 보이지 않지만 분명히 악한 영의 세계가 있어서 사람의 생각을 조종합니다. '이때다!' 하고 생각 속에 틈타 호기심이 더 왕성해지도록 부추깁니다.

그러면 호기심을 충족하기 위해 비슷한 유형의 영화를 찾아봅니다. 호기심은 점점 커지고 '이성 친구를 사귀어 보고 싶다. 한 번쯤 경험해 보는 것도 좋지 않을까?' 하는 강한 욕구로 발전합니다. 뿐만 아니라 잡초가 자라듯이 또 다른 잡념들이 꼬리에 꼬리

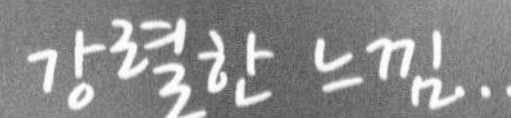


좋은 느낌이든, 싫은 느낌이든
과거에 강렬하고 충격적인 느낌을 받았다면
그것이 기억 속에 강하게 각인되어
잡념으로 작용합니다.

를 묻습니다. '나도 영화 주인공처럼 멋있게 꾸미면 이성 친구들이 관심을 가져 줄 텐데. 어디 가면 저런 옷을 구할 수 있을까? 운동으로 몸매를 가꿔 볼까?' 하며 마음과 생각이 공부에서 점점 더 멀어지지요.

더구나 이전에 이성과 스킨십을 경험해 본 학생은 그와 비슷한 장면을 보면 그때의 기억이 느낌과 함께 되살아납니다. '그 느낌을 다시 한 번 맛보고 싶다.'라는 강한 충동이 일기도 합니다. 언제 그런 경험을 했는지에 따라서도 느낌이 다릅니다. 초등학생, 중학생, 고등학생의 경우 각기 다르지요. 신체가 성장한 만큼, 정신 연령이 높은 만큼 더 강한 느낌으로 자리 잡습니다.

당시에는 어려서 별 느낌이 없었어도 어느 정도 성장한 후 호기심이 생기기도 합니다. 호기심이나 욕구를 이기지 못하는 경우 학생의 본분을 벗어나는 행동이나 범죄를 저지르기도 합니다. 초등학생 때 우연히 성인 영화를 본 후 끊지 못하고 호기심을 키워 오다가 청소년기에 비행을 저지르는 일도 비일비재합니다.

이처럼 세상 비진리에 대한 호기심은 잡념을 낳는다는 사실을 깨달아 원수 마귀 사단에게 속으면 결코 안 됩니다. 원수 마귀 사단은 정욕을 취하면 즐겁다며 온갖 감언이설로 유혹하지만 이는 거짓말입니다. 그 순간에는 혹 좋을지 몰라도 결국 허무함과 공허함만 남을 뿐입니다. 자칫 잘못하면 영원한 사망인 지옥으로 갈

수 있으니 무서운 지옥을 떠올려서라도 물리치시기 바랍니다.

### 세상 쾌락을 추구하는 마음

공부가 지루하게 느껴질수록 놀고 싶다는 마음이 더 간절합니다. 이런 유의 잡념들은 재미, 즐거움 등 세상 쾌락을 추구하는 마음에서 비롯됩니다. 예를 들어, 컴퓨터 게임을 지나치게 좋아하는 사람들은 게임할 때의 쾌감을 또 느끼고 싶어 합니다. 심한 경우, 책 속의 글씨가 쳐부숴야 할 적으로 보이기도 하고 공부방을 게임 속 공간으로 착각하기도 합니다.

어떤 학생들은 친구와 노는 생각들로 가득합니다. '내일 친구랑 영화 보러 가기로 했는데, 재미있겠다. 영화는 친구가 보여 준다니 나는 밥을 살까? 그 주변에 맛집은 뭐가 있더라? 그나저나 돈은 어떻게 마련하지?' 잡념이 끝도 없이 밀려옵니다. 책 한 장도 넘기지 못한 채 상념에 빠져들거나 필기도구를 만지작거리며 딴청을 부립니다. 자신이 이런 모습으로 책상 앞에 앉아 있다면 이제 잡념의 실체를 알았으니 단호히 물리쳐야 합니다. 그런 다음 포기하지 말고 자신의 가능성을 믿고 집중력을 발휘하면 됩니다.

### 비진리의 감정들

어떤 사람은 미움, 시기, 불만, 불편함 등의 비진리의 감정 때문에 마음의 평정이 깨지면서 잡념에 시달리기도 합니다. 하루는 친구나 직장 동료가 갑자기 말도 안하고 다른 사람과만 친하게 지냅니다. '저 친구가 도대체 왜 그럴까? 나 때문에 화가 났나? 내가 뭘 잘못했지? 내가 있는 쪽을 보면서 옆 사람에게 귓속말을 하던데…. 나에 대해 안 좋은 얘기를 한 게 분명해!'

이런저런 생각에 머리가 아프고, 책을 봐도 내용이 머릿속에 들어오지 않습니다. 컴퓨터 화면을 보고 있어도 일이 손에 잡히지 않습니다. 확실하지도 않은 일로 걱정하고 상대방을 판단, 정죄하느라 집중하지 못하지요.

또 어떤 학생은 공부하기 전에 부모와 한바탕 실랑이를 벌인 뒤 억지로 떠밀려 책상 앞에 앉긴 합니다. 그런데 부모에 대한 불편한 생각이 계속 밀려옵니다. '엄마는 왜 저렇게 공부, 공부하라 하실까? 꼭 저렇게 하셔야만 할까? 내 마음도 몰라 주고….' 미움, 불평, 불만, 서운함 등 온갖 비진리의 감정이 잡념을 낳습니다.

지금까지 잡념이 되는 여러 유형을 살펴보았으니 이를 없애기 위한 구체적인 행동 지침을 알려 드리겠습니다.

### 비결 1 비진리를 입력시키는 환경을 멀리하라!

잡념의 근원은 비진리의 지식과 느낌이므로 마음의 비진리를 모두 빼내면 잡념을 완벽하게 없앨 수 있습니다. 아직 변화되는 과정에 있다 해도 기억 장치에서 비진리의 지식과 느낌을 빼내는 만큼 잡념을 차단할 수 있습니다.

비진리를 열심히 빼내면서 동시에 또다른 비진리를 계속 입력시키면 아무 소용이 없습니다. 비진리는 보지도, 듣지도, 말하지도 말아야 마음을 정화시킬 수 있습니다. 그렇지 않으면 10년, 20년을 기도해도 소용이 없지요. 비진리를 채우고 빼고, 채우고 빼고 반복하는 무의미한 신앙생활을 하기 때문입니다.

어떤 사람은 누가 귓속말을 주고받으면 '무슨 말을 하나?' 궁금하여 남의 비밀을 캐려고 합니다. 비진리가 발동하여 들으려고 하는 자체도 나쁜 마음입니다. 나아가 남의 비밀을 듣고 전하기 좋아하는 사람을 멀리해야 합니다. 선한 사람은 악한 말이나 상대의 허물을 들으려고도 하지 않습니다. 눈을 감고 귀를 막은 채 살 수 없고, 세상 비진리를 모두 차단할 수는 없다 해도 이를 접하지 않기 위해 최선을 다해야 합니다.

비진리가 입력되는 대표적인 경로는 'TV와 컴퓨터'입니다. 이 두 가지만 멀리해도 기억 장치에 입력되는 비진리의 양이 크게 줄어듭니다.

물론 TV 프로그램 중에는 교육이나 유익한 정보를 전달하는 내용도 있지만 세상적인 오락이 훨씬 더 많습니다. TV는 시청률을 높이기 위해 사람의 눈길을 끌 만한 볼거리를 방영하므로 선정적이고 자극적이기 쉽습니다.

TV가 얼마나 무익하면 '바보상자'라 부르겠습니까? TV를 많이 시청하면 스스로 생각하는 능력이 길러지지 않고 시간을 많이 빼앗기기도 합니다. 또 TV는 성장기 어린이나 청소년 건강에도 여러모로 해롭습니다. 시력이 나빠지기도 하고 전자파에 오랫동안 노출되면 '성조숙증'(사춘기가 지나치게 빨리 찾아오는 증상)이 나타나기도 합니다.

컴퓨터도 해로운 면이 많기는 마찬가지입니다. 인터넷 강의나 백과사전 등 공부에 도움이 되는 요소도 있지만 비진리의 요소가 훨씬 많지요. 따라서 마음을 지키지 못할 바에는 차라리 접하지 않는 편이 낫습니다. 과제 때문에 어쩔 수 없이 컴퓨터를 활용할 경우에는 부모님과 함께 하거나, 신문과 책처럼 컴퓨터를 대신할 수 있는 자료를 활용하는 것도 좋습니다. 물론 요즘 같은 세상에 컴퓨터를 사용하지 않으면 아무래도 불편합니다. 그러니 하루 빨리 마음을 스스로 제어할 수 있는 능력을 기르시기 바랍니다. 그러면 컴퓨터도 얼마든지 유용하게 사용할 수 있지요.

비진리를 더 입력시키지 않으려면 TV와 컴퓨터 사용을 자제하는 노력 외에도 좋은 친구를 사귀는 노력을 해야 합니다.

학생이라면 친구를 통해 비진리를 접하고 입력하는 경우가 많기 때문에 건전한 사귐을 주도할 수 있다면 좋습니다. 또 공부하다가 가끔 휴식할 때도 극장이나 PC방, 유흥가가 밀집한 장소는 피해야 합니다. 대신 자연을 접할 수 있는 공원이나 교양을 쌓기 좋은 도서관이나 박물관, 미술관 같은 건전한 장소가 좋습니다.

이처럼 잡념을 차단하려면 결국 '비진리를 단호히 끊는 결단과 노력'이 필요합니다. 스스로 마음을 지키기 어려우면 부모나 주변 사람에게 도움을 구해야 합니다. 또한 불같은 기도와 금식으로 하나님께 은혜와 능력을 구하면 반드시 도와주십니다. 성령 충만함을 입으면 절제력이 생기고 세상에 속한 것들을 접하고 싶은 마음이 사라집니다.

## 비결 2 기억 장치에서 비진리를 삭제하라!

열심히 공부하다가도 문득문득 예전에 보고 듣고 즐기던 세상 비진리들이 떠오를 수 있습니다. 세상에 속한 것들을 더 이상 받아들이지는 않지만 이전에 입력시킨 비진리가 남아 있기 때문입니다.

이럴 때 당황하거나 낙심하지 말고 떠오르는 비진리들을 하나 둘 지워 나가면 됩니다.

오염된 강물을 정화시킬 때 어떻게 합니까? 우선 더러운 물이 더 이상 들어오지 못하게 막습니다. 그런 다음 오염 물질들을 걷어냅니다. 여기에 깨끗한 물과 산소, 물풀 등 정화에 도움이 되는 것들을 채워 넣습니다. 사람의 기억 장치도 이런 정화과정을 거치면 결국 깨끗해집니다.

우선 비진리를 차단한 다음, 이미 입력된 비진리를 하나 둘 제거해 나갑니다. 아무리 자신이 버리려 해도 계속 비진리를 받아들이면 정화될 수 없습니다. '버리려고 한다, 금식한다, 철야 기도를 한다.' 하고는 보지 말아야 할 드라마나 영화 등을 본다면 아무 소용이 없습니다. 반드시 비진리에 속한 것을 보지 않고 듣지 않고 받아들이지 않을 때라야 버려집니다.

여기에 진리의 지식을 채우는 작업을 함께하면 정화 속도가 빨라집니다. 하나님 말씀을 다시 듣고 정리하며 무장해 나갈 때 머릿속이 말끔해져서 더 이상 잡념이 생기지 않습니다.

그런데 기억 장치 속에 입력된 비진리의 지식은 컴퓨터에서 파일을 삭제하듯이, 단번에 지울 수 있는 것이 아닙니다. 그러면 어떻게 해야 할까요? 생각과 느낌을 바꿔 나가면 비진리의

# 결단과 노력...

물을 정화할 때 오염 물질을 걷어내듯
잡념을 차단하려면 비진리를 단호히 끊는
결단과 노력이 필요합니다.
이와 함께 생각과 느낌을 진리로 바꿔 나가며
마음에 하나님 말씀을 채워 나가면
잡념 없이 공부에 집중할 수 있습니다.

지식도 점차 희미해집니다.

요즘에는 TV나 인터넷을 통해 비진리가 많이 입력됩니다. 기업들은 '성(性)'을 소재로 자극적인 상품과 광고들을 무수히 쏟아냅니다. 드라마나 영화 같은 대중 매체는 불륜도 낭만적인 사랑으로 그려냅니다. 신체 노출이 지나친 배우들이나 가수들에 대해 '아름답다, 멋있다.' 라고 입을 모읍니다.

이런 환경 속에서 아직 가치관이 확립되지 않은 학생들은 성에 대해 왜곡된 지식과 관념을 갖습니다. 이성을 정욕의 대상으로 바라보고 비현실적인 일을 현실로 받아들이기도 합니다. 더구나 싫어하고 두려워해야 할 죄를 오히려 아름답고 좋은 느낌으로 입력하며 죄를 죄로 여기지 않습니다. 또 성에 대한 잘못된 지식이나 느낌이 호기심과 정욕을 불러일으킵니다.

디모데전서 5장 2절에 "늙은 여자를 어미에게 하듯 하며 젊은 여자를 일절 깨끗함으로 자매에게 하듯 하라" 말씀했습니다. 연로한 성도들을 자기 어머니 대하듯 하고, 결혼하지 않은 젊은 여자에게는 친누이동생이나 누나처럼 깨끗한 마음으로 대하라는 뜻입니다. 이처럼 이성 친구들도 한 부모에게서 태어난 가족을 대하듯 깨끗한 마음으로 대해야 합니다.

마음에서 이성에 대한 정욕이 일어난다면 바퀴벌레나 구더기처럼 싫고 끔찍하게 느껴야 합니다. 이는 과장된 표현이 아닙니다. 실제로 정욕이나 쾌락은 사람의 영혼을 사망으로 이끄는 주범이며, 학생들에게는 공부할 시간을 빼앗고 소중한 꿈을 파괴하는 강도와 같습니다. 그러므로 비진리에 대한 잘못된 생각과 느낌을 열심히 바꾸어 나가시기 바랍니다.

## 비결 3 집중하는 습관을 들여라!

사람들은 누구나 즐거운 일, 재미있는 일에는 놀라운 집중력을 발휘합니다. 자신이 좋아하는 영화를 보았다면 주인공 이름은 물론이고 내용을 처음부터 끝까지 말해 줄 수 있습니다. 집중해서 보기 때문이지요.

이미 공부에 습관이 들어 있는 사람들은 마음만 먹으면 장시간 집중할 수 있지만, 그렇지 않은 사람은 잠깐 앉아 있는 것도 힘들게 느껴집니다. 굳은 각오로 공부를 시작했다가도 중간에 포기하는 이유도 이 때문입니다. 그런 사람이라면 우선 2~3주 동안만이라도 포기하지 않고 꾸준히 공부해 보시기 바랍니다.

개인차는 있지만 사람이 어떤 습관을 들이는 데에는 보통 14일에서 21일 정도가 걸린다고 합니다. 그러므로 2~3주가 채 지나기 전에 '나는 안 되나 보다.' 하고 포기하는 것은 금물입니다. 끊임없는 연습이 중요하지요. 2~3주 동안 매일 책상에 앉는 연습, 짧은 시간이라도 공부하는 습관을 들이면 그것이 몸에 배기 시작합니다. 시간이 지나면서 점점 집중력이 향상되고 학습 속도에 날개가 돋지요. 이렇게 한자리에 앉아서 집중하는 습관이 몸에 배면 공부하기가 훨씬 수월합니다.

## 공부 습관을 들이는 방법

혹여 '기초가 부족해서 나는 안 될 거야. 성적이 최하위권인데 되겠어?' 하며 포기한 분이 있습니까? 누구나 노력하면 주님이 주시는 능력으로 할 수 있습니다(빌 4:13). 학창 시절에 방황하다 공부 시기를 놓쳤다 해도, 기초가 부족하다 해도 자신에게 맞는 올바른 공부 습관을 터득하면 됩니다.

### 주변환경을 정리 정돈 하기

'공부 습관 들이기'를 실천할 수 있도록 잠시 자신의 방으로 가 보겠습니다. 우선 방과 책상을 깔끔하게 정리해야 합니다. 공부에 불필요한 물건들이 여기저기 널려 있으면 집중하는 데 방해가 되지요. 평소에 자주 손이 가거나 시선이 가는 물건도 치우는 것이 좋습니다. 그중 '휴대폰'은 치워야 할 물건 1호입니다.

런던대학교의 심리학 교수인 글렌 윌슨 박사는 '전자정보 도착 신호가 정보 처리에 미치는 영향'에 대해 연구했다고 합니다. 그 결과를 보면, 어떤 일을 할 때 휴대폰 문자 메시지 수신 소리를 듣고 내용을 확인하거나 답신을 하는 순간 지능지수가 10점 정도 떨어진다고 합니다. 초등학생의 경우, 학습 문제를 풀다가 문자 메시지를 확인하거나 보낸 후 다시 문제 풀이에 집중하기까지는 평균 5분이 걸린다고 합니다.

내용에 따라 어떤 사람은 10분이 걸릴 수도 있고, 15분이 걸릴 수도 있습니다. 메시지 내용이 자극을 준다든가, 호기심이 가는 분야라면 시간이 더 걸립니다. 예컨대, 이성 친구와의 문자 메시지라면 주고받는 데에 푹 빠져 다시 공부에 집중하기가 쉽지 않습니다.

물론 개인차나 연령에 따른 차이는 있겠지만 대부분 휴대폰 때문에 일이나 공부의 흐름이 끊기고 집중력이 떨어지는 경험을 해 보셨을 것입니다. 그러니 공부할 때나 집중해서 일해야 할 때는 휴대폰을 안 보이는 곳에 넣어두는 것이 좋습니다.

### 욕심 부리지 말고 일주일 공부 계획표 짜기

주간 단위로 학습 계획표를 짤 때 욕심을 부리면 안 됩니다. 학습량을 과다하게 정했다가 계획대로 진행이 되지 않으면 자꾸 밀리고 나중에는 포기하기 때문입니다. 이런 일들이 반복되면 패배

의식이 자리잡아 '나는 해도 안 된다.' 라고 생각하기 쉽습니다. 목표량이 밀린다면 계획표를 수정하여 다시 짜야 합니다.

계획대로 성취하여 기쁨을 맛보면 공부에 재미가 붙습니다. 이제는 더 큰 계획을 세워 성취감을 맛보고 싶어지지요. 계획표는 자신이 할 수 있는 범위 안에서 공부할 분량과 시간을 정해야 하며, 가능하면 구체적으로 짜는 것이 좋습니다.

예를 들어, '30분 동안 영어 단어 10개 외우기, 한 시간 동안 수학 실전문제 2장 풀기' 등 세부적으로 계획을 세워야 목표를 달성하려는 의욕이 강해지고 집중력도 높아집니다. 만일 자신에게 집중력이 부족하다 싶으면 계획을 세울 때 공부 단위를 한 시간 이내로 짧게 정하는 것도 좋은 방법입니다. 이렇게 계획표를 짜 두면 공부하려고 책상 앞에 앉을 때 무엇을 해야 할지 막막한 일은 없습니다. 비단 공부뿐만 아니라 하루 일과나 회사 업무도 목표를 정해 놓고 진행하는 습관을 들이면 좋은 성과를 거둘 수 있습니다.

### 중심으로 기도한 후 계획표대로 공부하기

계획은 세우는 것보다 실천이 중요합니다. 이를 위해서는 얼마큼 학습했는지 파악할 수 있도록 공부한 내용을 기록하는 방법이

# 누구나 노력하면...

공부 시기를 놓쳤다 해도,
기초가 부족하다 해도
자신에게 맞는
올바른 공부 습관을 터득하면
잘할 수 있습니다.

있습니다. 하루 동안 공부한 분량을 노트에 기록하면 시간을 제대로 활용했는지 점검하고 반성하는 계기가 됩니다. 또 자신의 학습 분량을 한눈에 볼 수 있기 때문에 큰 성취감을 얻을 수 있습니다.

무엇보다 공부하기 전에 잠시 무릎을 꿇고 기도해 보십시오. 10분에서 30분 정도 자신이 할 수 있는 만큼 마음을 모아 간절히 기도하면 마음과 생각이 정돈되어 잡념 없이 집중하게 됩니다. 그런 다음 책상 앞에 앉아서 계획표대로 공부를 시작합니다.

처음에는 집중할 수 있는 시간이 짧을 수도 있습니다. 그러나 여기서 포기하지 않는 것이 중요합니다. 다음 날도, 그다음 날도 정한 시간이 되면 하던 일을 멈추고 공부방으로 들어갑니다.

이렇게 하루, 이틀, 사흘, 자신과의 약속을 지켜 나가면 마음을 지배하고 다스리는 사람이 될 수 있습니다. 따라서 사소한 일이라도 마음에 정한 것은 지키는 습관을 들이시기 바랍니다. 자신의 마음과 생각을 다스릴 때 능력이 되어 좋은 성과를 낼 수 있습니다.

### 잡념을 물리치고 집중하여 공부하기

때로는 약속을 지키기 위해 책상 앞에 앉긴 해도 잡념이 밀려와서 집중이 안 될 수도 있습니다. 그럴 때는 떠오르는 생각들을 종이에 적어봅니다. 잡념은 떠올리지 않으려고 하면 더 떠오르는 경향이 있다고 합니다. 이를 '반동 효과'라고 하지요. '잡념을 떠올리면 안 돼!' 하고 무조건 억누르기보다, 종이에 적음으로써 표현하면 잡념이 어느 정도는 사라진다고 합니다.

그래도 잡념이 도무지 떨쳐지지 않는다면 떠오르는 비진리의 생각들을 표시해 두었다가 기도 시간에 그것을 보며 잡념을 차단해 달라고 불같이 기도해 보시기 바랍니다. 그러면 성령께서 도와주시므로 잡념의 근원을 없앨 수 있습니다. 이는 잡념을 퇴치하는 가장 확실한 방법입니다.

잡념을 물리치고 집중하여 공부하기 위해서는 노력이 필요합니다. 그냥 '감나무 밑에 누워 감이 떨어지기만을 기다리는 식' 으로는 되지 않기 때문에 그만큼 노력해야 합니다. 잡념을 물리치려면 때로는 학습 내용을 소리내어 읽는 것도 좋습니다. 상황에 따라 큰 소리로, 혹은 속으로 따라 읽다 보면 딴 생각을 할 여유가 없습니다. 이러한 노력 위에 기도로 하나님의 도움을 구할 때 은혜와 능력을 부으시고 성령께서 도와주시니 얼마든지 집중할 수 있습니다.

+ Plus Message

# TV 중독과 금단 증세

미국의 어느 대학 교수는 TV를 과도하게 시청하는 사람들을 대상으로 연구를 했습니다. 허리에 호출기를 단 실험 대상자들에게 하루에 6~8번씩 수시로 호출을 했는데, 그때마다 하고 있던 일과 당시의 감정 상태를 상세히 기록하게 했지요. 그 결과 몇 가지 흥미로운 사실을 발견했습니다.

흔히 사람들은 TV를 시청함으로 스트레스를 풀 수 있다고 생각합니다. 하지만 연구 결과에 따르면 TV를 오래 시청할수록 TV가 주는 기쁨은 줄어들지만, TV를 끈 후 느끼는 불안감은 점점 커진다고 합니다. 다시 말해 TV를 오래 볼수록 재미는 점점 덜하지만 끄지 못해 보고 있는 경우가 많다는 것입니다.
무엇보다도 TV가 중독성이 있다는 결정적인 증거는 금단증세를 동반한다는 사실입니다. 시카고 대학 연구팀의 실험 결과에 따르면 TV 중독 증세를 보이는 사람들에게 TV 시청을 못하게 했더니 신경질을 자주 내고 아무 일도 하지 못한 채 거실을 배회하는 증세를 보였습니다.
더욱이 갈수록 TV 프로그램의 폭력성, 선정성이 대두되고 있습니다. 이러한 프로그램을 시청함으로 시청자들의 반사회적 행동을 증가시킬 수 있다는 연구 결과도 있습니다.

## 〈TV 중독의 위험성〉

### 1. 수면장애 및 행동장애

TV 시청이 증가할수록 독서는 물론, 숙제, 운동, 취미활동 등을 멀리하게 됩니다. 또한 TV를 시청하는 동안 생각을 하지 않아도 되므로 창의력이 떨어지고 수면장애와 행동장애까지 발생할 수 있습니다.

### 2. 비만

많은 사람이 TV를 보면서 간식을 먹거나 식사를 합니다. 그런데 사람의 뇌는 TV에 몰입하고 집중하면 음식을 먹어도 배부른 것을 잘 인식하지 못하기 때문에 과식을 하기 쉽습니다. 그만큼 비만이 될 확률이 높지요.

### 3. 폭력성

TV에는 유익한 프로그램도 있지만 유해한 프로그램도 많습니다. 선정적이고 폭력적인 장면을 시청할 경우 은연중에 모방하고자 하는 심리가 생기고, 둔감해질 확률이 높습니다.

# Part 5

# 실력 향상 가이드

하나님의 말씀과 기도로
거룩하여짐이니라

디모데전서 4:5

학습 태도나 방법을 교정해 주는 전문가들은 공부 요령을 아는 것이 지능보다 더 중요하다고 말합니다. 따라서 공부를 잘하려면 자신에게 맞는 공부법을 찾아서 적용할 줄 알아야 합니다. 요즘은 입소문 난 공부 노하우도 많고 전문가들이 추천하는 공부법도 많습니다. 그중에 자신에게 맞는 방법을 테스트하면서 찾아야 합니다.

세상에서도 '자기 주도 학습'을 중시합니다. 쉽게 말해 '스스로 학습하는 것'이 중요하다는 말입니다. 학습 목표를 세우는 일부터 학습 자료, 공부 방법을 선택하는 일, 결과를 평가하기까지 스스로 해결합니다. 처음에는 어려울 수도 있지만 장기적으로 보면 이렇게 공부할 때 학습 성취도가 훨씬 높아집니다.

이제 실질적인 공부 노하우를 몇 가지 살펴보겠습니다. 이를 마음껏 응용하여 '나만의 맞춤형 실력 향상 전략'을 세워 보시기 바랍니다.

## 비결 1 쉽고 재미있게 공부하라!

사람들은 대부분 좋아하는 분야나 관심 있는 분야의 지식은 잘 기억합니다. 어떤 사람은 좋아하는 스포츠 스타의 키, 몸무게, 포지션, 승률 등을 잘 압니다. 또 자동차를 좋아하는 사람은 차종, 제조 회사, 배기량, 옵션 장치 등 다양한 정보에 훤합니다.

그들은 이런 지식을 애써서 외웠을까요? 그렇지 않을 것입니다. 자기가 좋아하는 분야에는 자연스럽게 관심이 가고 관련 정보를 쉽게 기억할 수 있기 때문입니다. 마찬가지로 공부도 '재미있고 쉽다.' 고 느끼면 더 잘됩니다. 반대로 '싫고 어렵다.' 라는 부정적인 느낌을 가지면 잘 안 되지요. 그러면 여기서 쉽게 공부하는 법을 한 가지 소개해 드리겠습니다.

암기 과목의 경우, 마냥 책만 본다고 외워질까요? 아닙니다. 딱딱하고 재미없는 내용은 머릿속에 잘 안 들어옵니다. 이럴 때 '느낌' 을 활용하면 됩니다. 어떤 것을 보고 들을 때 강한 느낌을 가지면 오래 기억에 남습니다.

느낌은 지식을 기억 장치에 깊이 심는 작용을 하지요. 이때 얼마큼 깊이 느꼈느냐에 따라서 더 깊이 심겨진다 했습니다. 비진리의 느낌은 잡념을 만드는 주범이지만 바람직한 느낌은 공부에 도움을 줍니다. 특히 암기하는 데 잘 활용하면 딱딱하고 재미없는 내용을 쉽게 암기할 수 있습니다. 기억의 유형을 살펴보면 이를 잘 알 수 있지요.

### 느낌을 활용하여 쉽게 암기하는 방법

기억의 유형은 네 가지로 분류할 수 있습니다(『영혼육 상』 참조). 보고 들은 것을 어떻게 입력했느냐에 따라 기억력이 다르게 나타납니다.

먼저 '흘려버리는 유형' 입니다.

뭔가를 보고 들을 때 주의를 기울이지 않고 그냥 흘려버립니다. 수업 시간에 잡념에 빠져 있다면 무얼 배웠는지 도무지 기억나지 않습니다. 전혀 주의를 기울이지 않았기 때문에 선생님 말씀이 한쪽 귀로 들어왔다가 고스란히 다른 쪽 귀로 빠져나가 버린 것입니다. 이렇게 흘려버린 내용은 머릿속에 남지 않습니다. 예배를 드릴 때에도 신령과 진정으로 드리면 기억이 잘되지만, 집중해 듣지 않고 다른 생각에 빠지면 무엇을 들었는지 기억이 나지 않습니다.

다음은 '담아두는 유형' 입니다.

수업 시간에 '그렇구나!' 하고 고개를 끄덕이면서 강의를 잘 들었습니다. 당시에는 확실히 안다고 생각했지만 며칠이 지나자 기억이 잘 나지 않습니다. 뚜껑 없는 바구니에 대충 담아놓은 물건은 조금만 흔들면 쏟아져 버리듯, 머리에 담아놓기만 한 지식은 잊어버리기가 쉽지요.

또한 '심는 유형' 도 있습니다.

수업 시작 전 선생님이 "오늘 배운 내용으로 시험을 보겠다. 한 개 틀리면 벌점 1점이다." 라고 합니다. 그러면 학생들이 집중해서 듣고 기억하려고 애를 씁니다. 이것이 바로 심는 작업입니다. 그러면 공부한 내용이 비교적 오래 기억에 남습니다.

가장 오래가는 기억은 '머리와 마음에 심는 유형' 입니다.

무언가를 보고 들을 때 머리에 입력할 뿐 아니라, 인상이나 느낌까지 마음에 담습니다. 가령, 수업 시간에 좋아하는 선생님이 질문을 했습니다. 마침 예습을 한 터라 정확한 답을 말했고, 선생님께 칭찬을 받자 기쁘고 즐거웠습니다. 그렇다면 그 내용은 웬만해선 잊지 못합니다. 문제의 답을 머리에 입력했을 뿐만 아니라 칭찬받은 순간의 희열을 마음에 함께 심었기 때문입니다.

## 쉽고 재미있게...

비진리의 느낌은 잡념을 만드는 주범이지만
바람직한 느낌은 공부에 도움을 줍니다.
특징 없는 학습 내용을
무언가와 연관지어 느낌을 증폭시키면
머리와 마음에 심기므로 오래 남습니다.

기억의 네 가지 유형 중 가장 효과적인 공부 방법은 바로 '머리와 마음에 심는 유형' 입니다.

하나님을 알지 못하는 사람들도 머리와 마음에 심는 원리를 활용합니다. 한 예로, '연상법' 이 그렇습니다. 이 암기법은 딱딱하고 특징 없는 내용을 다른 무언가와 연관 지어 익숙하게 만들거나 강한 인상을 갖게 만듭니다. 물건이나 사람을 연상해도 좋고 오감, 즉 소리, 색깔, 냄새, 맛, 촉감 등을 활용하여 느낌을 증폭시키는 방법도 효과적이지요.

가령, 생소한 영어 단어를 외운다고 합시다. patent[peitent]는 '특허' 란 뜻인데, 앞의 스펠링 피·에이(pa)는 "파" 이고, 뒷부분 티·이·엔·티(tent)는 "텐트" 입니다. "파란(pa) 텐트(tent)를 특허 내다" 로 외울 수 있지요. 이때 머릿속에 파란 텐트를 상상하면 효과가 더 큽니다.

그런데 모든 암기 과목을 이 기법으로 해결하려 한다면 오히려 복잡해질 수도 있습니다. 사람에 따라서는 반복을 통해 외우는 것이 더 효율적인 경우도 있습니다. 그런가 하면, 소리 내서 중얼거리며 외우거나 외울 내용에 리듬을 붙여 노래로 부르는 것도 좋은 암기법입니다. 어린이들에게 구구단을 외우게 할 때 일정한 리듬을 붙여 외우게 하지요. 또 성경책 목록을 노래 형식으로 외우면 쉽게 외울 수 있습니다.

### 취약한 과목의 성적을 올리는 방법

쉽고 즐겁게 공부하는 방법을 한 가지 더 말씀드리면 싫어하는 과목을 좋아하는 과목으로 바꾸어야 합니다.

싫다고 멀리하거나 못한다고 포기하면 그 과목이 점점 더 싫어지고 성적도 떨어집니다. 그러면 좋아하는 과목의 점수가 월등히 높아도 전체 성적은 같은 자리를 맴돌 수밖에 없습니다. 따라서 싫은 과목은 좋아하는 과목으로, 못하는 과목은 잘하는 과목으로 바꿔야 합니다.

예를 들어, 수학이 싫고 어렵습니까? 마음을 다잡고 야곱이 천사와 씨름해서 이겼듯이 수학을 이겨야 합니다. 싫다는 느낌을 바꿔서 "이건 내가 필수적으로 해야 하는 거야. 그러니까 내가 너를 싫어하는 게 아니야. 이제부터 난 너를 사랑할 거야." 하면서 수학을 정복해 갑니다.

참고로, 전문가들은 수학 성적이 인내심과 비례한다고 말합니다. 문제와 씨름해서 풀어내면 느낌이 달라집니다. '나도 할 수 있구나!' 라는 자신감이 생기면서 과목에 대한 인상이 달라지지요. 이때 주의할 점은 쉬운 문제부터 도전해야 한다는 사실입니다. 처음부터 어려운 문제를 골랐다가 실패하면 역효과가 날 수 있기 때문입니다.

영어를 싫어하는 경우도 마찬가지입니다. 어떤 사람은 영어를 정복하기로 마음먹고 아침에 30분씩 공부하기로 시간을 정했습니다. 처음 며칠간은 계획대로 실천했는데 어느 날부터 자신과의 약속이 어그러졌습니다. 약속된 시간에 신문을 보는 등 다른 일을 하고 있는 자신을 발견하게 되었지요. 그러면서 공부할 시간이 없다는 핑계를 댑니다.

이러한 자신의 습관을 반성하며 왜 영어를 못하는지 분석한 결과 영어에 투자하는 시간이 적고 불규칙적이라는 데서 원인을 찾았습니다. 그래서 무조건 아침에 일어나면 제일 먼저 영어를 공부하고 그다음에 좋아하는 신문을 읽기로 했습니다. 이렇게 결심을 지켜서 꾸준히 30분씩 실천하니 차츰 실력이 향상되고 영어를 싫어하던 마음이 사라졌다고 합니다.

자신이 영어를 싫어한다면 왜 그렇게 되었는지, 왜 싫증을 느끼는지 그 원인을 찾아야 합니다. 그런 후 영어의 좋은 점과 재미있는 점을 찾아 사랑하려고 노력해야 합니다.

다른 과목보다 시간을 좀더 투자하여 영어와 놀아 줍니다. 영어 공부하기로 약속한 시간을 채우면 스스로 상을 주는 방법도 좋습니다. 가벼운 운동을 해서 긴장을 풀어 주거나 찬양을 들으며 머리를 환기시키고, 맛있는 간식을 먹는 방법도 좋습니다. 목표를 달성할 때마다 스스로 보상해 주고 격려하면 성취감을 느낄 수 있고 인내력도 기를 수 있습니다.

이렇게 시간과 노력을 투자하면 싫은 과목이나 못하는 과목도 점점 좋아지고 잘하는 과목으로 바뀝니다. 그럴 때 전체 성적이 오르는 기쁨을 맛볼 수 있습니다. 공부뿐만 아니라 싫어하는 일이나 못하는 일도 마냥 피하지 말고 좋아하는 일로, 잘하는 일로 바꿔 보시기 바랍니다.

사람들은 대부분 좋아하는 것과 쉬운 것을 선호하며 어렵고 싫은 일은 기피합니다. 또 자신에게 잘못한 사람이나 성품이 맞지 않는 사람은 멀리하고 잘해 주는 사람과만 친하게 지내려는 경향이 있습니다. 이런 사람은 하나님이 원하시는 큰 그릇이 될 수 없으니 모든 사람을 포용하고 품을 수 있어야 합니다.

이는 신앙생활에도 동일하게 적용됩니다. 가령, 기도하기를 좋아하지 않는다면 '기도는 정말 어려워. 남들처럼 잘하고 싶은데 난 왜 이렇게 안 되지? 기도는 내 체질에 안 맞나봐….' 하지 말고 생각을 바꾸어야 합니다. '기도는 하나님과의 대화이니 즐거운 시간이야. 기도해서 소원을 응답받으니 얼마나 좋은가?' 하며 하루

30분이라도 기도하는 습관을 들이십시오. 하루, 이틀, 사흘 하다 보면 기도의 묘미를 느끼게 됩니다.

그러므로 비진리와 악을 제외한 모든 것을 사랑하시기 바랍니다. 어떤 사람은 윗집 아이들이 통통 걸어다니는 소리, 피아노 치는 소리 등이 시끄럽다며 '제발 좀 이사 갔으면….' 생각합니다. 이런 경우에도 '윗집은 아이가 있어서 행복하겠다. 우리 집에도 저만한 아이가 있다면 저렇게 뛰어다니겠구나.' 하며 입장을 바꿔 생각하면 불편할 일이 없습니다.

## 비결 2 꾸준히 예습과 복습을 하라!

예습과 복습을 하면 그냥 흘려버릴 내용도 머리에 담을 수 있고, 머리에 담기만 했던 것은 마음에 심을 수 있습니다. 우리 뇌는 어떤 대상을 반복해서 보고 듣는 만큼 더 깊이 기억합니다. 수업 전과 후에 예습, 복습을 하면 수업 시간까지 합하여 세 번을 반복 학습하는 것이 됩니다. 물론 예습과 복습의 중요성을 모르는 학생은 거의 없습니다. 그런데 실천하는 학생은 많지 않습니다.

어떤 사람은 대학시절 3년 동안 사법, 행정, 외무고시에 합격하면서 세간의 주목을 받았습니다. 그 비결은 바로 복습이었다고 합니다. 불합격한 사람들은 책을 세 번도 보지 않은 반면, 그는

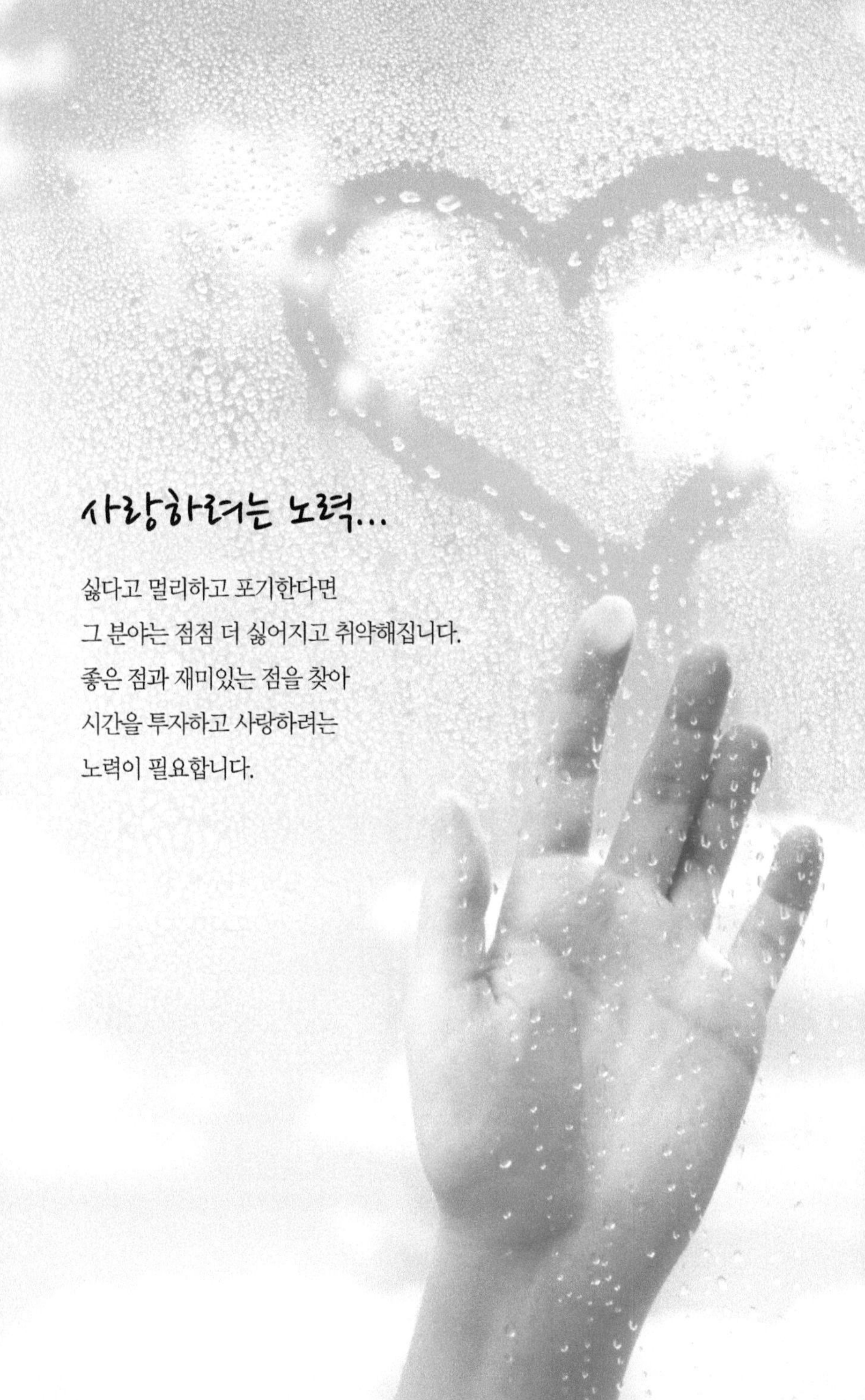

## 사랑하려는 노력...

싫다고 멀리하고 포기한다면
그 분야는 점점 더 싫어지고 취약해집니다.
좋은 점과 재미있는 점을 찾아
시간을 투자하고 사랑하려는
노력이 필요합니다.

같은 책을 다섯 번에서 열 번 정도 보았다고 합니다. '그 두꺼운 책을 언제 그렇게 보나?' 하고 지레 겁먹을 수도 있는데, 막상 해 보면 그리 어려운 일이 아니라고 하지요.

물론 법률이나 행정에 관한 책은 대부분 두껍고 단어들도 어렵습니다. 그러나 처음에만 시간이 많이 투자되지 다음에 할 때에는 그보다 쉽습니다. 그다음에 할 때에는 더 쉽지요. 반복해서 책을 읽을수록 걸리는 시간이 점점 짧아지고 쉬워집니다. 그러면 예습, 복습 방법을 구체적으로 알아볼까요?

예습을 어떻게 하느냐에 따라 수업에 영향을 줍니다. 만일 수업하기 전에 대부분의 내용을 마스터했다면 다 아는 내용이니 수업 시간이 지루해집니다. 반면 공부할 내용의 흐름을 확인하는 정도로만 예습한다면 호기심을 불러일으키고 수업에 집중할 수 있게 도와줍니다. 예습 시간은 수업 전 날이나 수업하기 직전이 가장 좋습니다. 예습할 때는 제목과 소제목, 중요 단어 위주로 훑어보면서 흐름을 파악한 다음 본문 내용을 읽으면서 어려운 부분은 표시해 둡니다.

이렇게 공부할 부분을 미리 확인하고 예습해 둔 학생과 수업 시간에 학습 내용을 처음 대하는 학생과는 큰 차이가 납니다

다. 전자는 수업에 대한 관심과 집중도가 높고 내용을 기억하는 데에도 유리하지요.

수업이 끝나면 책을 덮지 말고 짧게라도 복습하는 것이 효과적입니다. 상황이 여의치 않다면 하루를 넘기지 말고 그날 저녁에 복습해 두어야 합니다. 에빙하우스라는 심리학자가 연구한 결과, 인간의 망각은 한 시간이 지나면 기억한 것의 절반 정도를 잊어버리고, 하루가 지나면 70% 정도, 한 달이 지나면 80% 정도를 잊는다고 합니다. 따라서 완전히 외운 것이라도 한 시간 이내, 혹은 하루가 지나기 전에 다시 보면 망각하는 비율을 대폭 줄일 수 있습니다.

배운 내용을 잊지 않으려면 그날그날 복습하는 습관을 들여

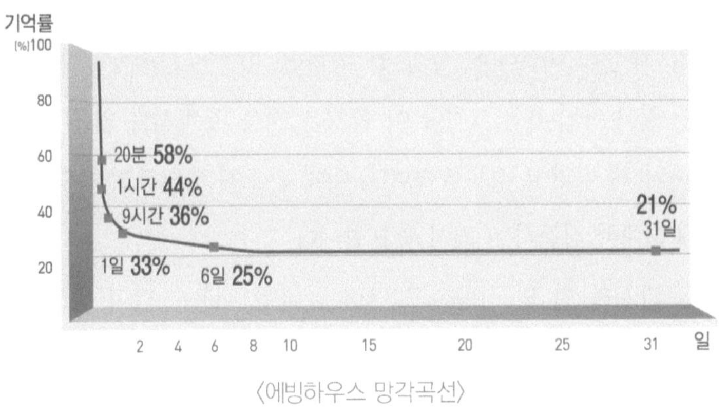


〈에빙하우스 망각곡선〉

야 합니다. 또 그날 하루만이 아니라 공부한 내용이 마음에 심길 때까지 반복해야 합니다. 복습은 한 번 입력한 지식이 빠져 나가지 못하도록 기억의 문을 꼭 잠그는 작업입니다. 반복하는 만큼 기억의 문이 더 굳게 잠깁니다.

이렇게 평소에 예습과 복습을 잘하면 시험 준비도 어렵지 않습니다. 예습, 복습을 전혀 안 하다가 시험 기간이 임박하여 공부하려고 하면 분량이 만만치 않습니다. 또 벼락 치듯이 갑자기 주입한 지식은 빨리 잊어버리기 때문에 나중에 다시 공부해야 하지요. 그러므로 평소에 꾸준히 예습, 복습하는 습관을 들이시기 바랍니다.

6개월 만에 전교 50등에서 1등으로 성적을 끌어올려 화제가 된 한 학생의 비결을 소개하겠습니다. 그 비결은 전 과목을 10번 정독하는 데에 있었습니다. 여기에는 그만의 전략이 있습니다. 처음 1회가 가장 고비입니다. 사실 전 과목을 10번이나 정독하기란 만만한 일이 아닙니다. 그러나 이 학생은 처음 교과서를 읽을 때 토씨 하나 빼지 않고 정독했습니다. 이때 순조롭게 읽으려면 수업 시간에 최대한 집중하는 것이 중요합니다.

교과서를 한 번 정독하고 나면 궁금한 내용이 많이 생깁니다. 이때 그냥 넘어가지 않고 참고서, 선생님, 인터넷 등을 활용하여 관련 내용을 모두 교과서에 옮겨 적었다고 합니다. 이 단계를 거

## 예습과 복습을 잘하면...

공부를 잘할 수 있습니다.
시험 기간이 임박하여 공부하려면
분량이 만만치 않습니다.
또 갑자기 한꺼번에 주입한 지식은
빨리 잊기 때문에
나중에 다시 공부해야 합니다.

치면 자신만의 최고의 교과서가 탄생합니다. 중요한 것은 이제부터가 10회 정독의 본격적인 시작이라는 사실입니다. 이 과정을 마친 후 교과서를 다시 읽으면 술술 읽히는 것을 느낍니다.

5~7회 정도 정독하면 단원 간 연계성이 한눈에 파악됩니다. 뿐만 아니라 중요도가 눈에 들어오기 시작하고, 스스로 출제 문제를 예상하는 일도 가능해집니다. 8회부터 마지막 10회까지는 이미 알고 있는 내용을 잊지 않도록 확인 및 각인 효과가 있습니다. 10회 정독을 마치고 시험을 보면 마치 책을 펴놓고 시험을 보는 듯한 착각에 빠질 정도라고 합니다.

예습과 복습은 말씀 무장에도 유용합니다. 예배드리기 전에 미리 성경 본문 말씀을 읽어 보십시오. 만약 강해 설교나 시리즈 설교라면 지난주 말씀을 복습합니다. 그런 다음 예배에 임하면 신령과 진정으로 드릴 수 있습니다. 예배를 드린 후에는 틈틈이 들은 말씀을 정리하면서 마음에 새깁니다. 하루 일과가 쉴 새 없이 바쁘다면 잠자리에 들기 전에라도 말씀을 마음에 되새겨 보시기 바랍니다.

특별히 큰 은혜를 받거나 자신의 모습을 깨우쳐 준 말씀은 더 잘 입력됩니다. 기도하면서 깨달은 바를 마음에 이루면, 그 말씀이 완전히 자신의 것이 됩니다. 반면, 예배 시간에 듣고 그냥 흘려버리면 백 번, 천 번 말씀을 들어도 아무 소용이 없습니다.

매주 듣는 말씀은 그 주를 넘기지 말고 다시 들어야 효과가 좋습니다. 한 주 뒤에는 요약 정리한 내용을 보면서 다시 한 번 복습하면 더 오래 기억에 남지요. 말씀을 한 주, 두 주 꾸준히 마음에 양식 삼으면 갑작스럽게 설교를 요청받아도 성령의 도우심과 감동 속에 설교할 수 있습니다.

성경구절을 암송할 때에도 마찬가지입니다. 매일 한 구절씩 암기하되, 시간이 지나면 잊어버리게 되므로 복습이 필요합니다. 전에 외운 말씀들을 한 주에 한 번이든 다시 훑어보면 더 잘 기억할 수 있습니다.

## 비결3 좋은 생활 습관을 가지라!

공부를 잘하려면 자기 관리를 잘해야 합니다. 체력, 시간, 습관 등을 잘 관리해야 공부 효율이 높아지지요.

**우선, 공부를 잘하려면 적절한 수면을 취해야 합니다.**

예전에 어떤 선비들은 밤늦게까지 공부하다가 졸음이 오면 바늘로 자신의 몸을 찌르며 쫓았다고 합니다. 이렇게 무리하기보다는 적당히 쉬고 맑은 정신으로 공부할 때 더 효과적입니다. 잠이 부족하면 두뇌 활동이 둔해져서 이해력이나 기억력이 떨어지며, 피곤한 상태에서 공부를 하면 금방 지칩니다.

반면에 수면을 충분히 취한 후 뇌가 활발한 상태에서 공부하면 1시간을 해도 많은 분량을 소화할 수 있지요. 수능을 앞둔 수험생들은 마음이 급하지만, 적어도 하루에 5~6시간씩은 자야 합니다. 물론 체력과 건강이 뒷받침되는 사람은 좀 적게 자도 상관없지요. 중요한 것은 자신의 생체리듬을 잘 파악해서 적절한 수면을 취해야 한다는 점입니다.

또 규칙적으로 식사하며 영양을 골고루 섭취해야 합니다.

어떤 학생들은 잠을 더 자려고 식사를 거르거나 시간을 아끼려고 인스턴트식품을 자주 먹습니다. 그러나 이런 식습관으로 인해 몸이 아프거나 체력이 약해질 수 있으므로 주의해야 합니다. 공부에 오히려 마이너스 요인이 될 수 있지요.

먹는 양도 조절해야 합니다. 특히 공부하기 전에는 '조금만 더 먹었으면 좋겠다.' 싶을 때 수저를 놓아야 가장 좋습니다. 과식하면 졸음이 오고 집중력도 떨어지지요. 배가 고프면 잡념이 생길 수도 있기 때문에 너무 적게 먹어도 좋지 않습니다.

이 밖에도 외출했다가 집에 돌아오면 먼저 깨끗하게 씻고, 주변 환경을 정리 정돈하는 습관도 필요합니다. 외모와 주변 환경이 청결하고 정돈되어야 마음이 안정되기 때문입니다. 주님의 향기가 나는 생활 습관을 만들어 나가면 자기 관리는 저절로 됩니다. 마음이 주님을 닮으면 외모나 태도, 행동도 닮게 되어 있습니다.

무엇보다 중요한 점은 공부를 잘해야겠다는 '자신의 의지'입니다. 공부를 열심히 하여 하나님께 영광 돌려야겠다는 꿈과 비전을 갖고, 꼭 이루겠다는 의지가 있어야 합니다. "이렇게 해야겠다." 하고 결심한 바를 그대로 해낼 때 의지가 강해집니다. 그러기 위해서는 작은 것부터 마음먹은 대로 실천하는 훈련을 해야 합니다.

+ Plus Message

# 21일 성공의 습관 프로젝트

리더십의 대가인 존 맥스웰은 "일상을 바꾸기 전에는 삶을 변화시킬 수 없다. 성공의 비밀은 일상에 있다."고 말했습니다. 그런데 습관의 총합이자 결과가 바로 일상입니다. 즉 우리의 사소한 습관이 성공 여부를 결정한다는 말입니다.

거대한 만리장성이나 피라미드도 한 개의 돌에서 시작했고 장대한 그랜드 캐니언도 작은 물줄기 한 번의 굽이침에서 비롯된 것입니다. 곧 작은 성공의 습관이 기적을 만듭니다. 성공하는 사람은 실패하는 사람들이 어쩌다 하는 일을 꾸준히 하는 사람일 뿐입니다.

신경언어 프로그래밍 과학자들은 하나의 행동이 습관으로 자리잡는 데는 21일이 필요하다고 합니다. 우리 뇌는 충분히 반복하여 시냅스(신경세포의 접합부를 가리키는 말)가 형성되지 않은 것에는 저항을 일으킵니다. 그러므로 일찍 일어나는 일이든, 독서하는 일이든, TV 시청을 줄이는 일이든, 식습관을 조절하는 일이든 좋은 습관이 몸에 익을 때까지는 21일간 의식적으로 노력을 기울여야 합니다.

사람의 생체시계가 교정되는 데에는 최소한 21일이 소요되기 때문입니다. 21일 정도가 지나면 의식하지 않아도 습관적으로 그 일을 할 수 있습니다. 이것을 21일의 법칙이라고 합니다.

**〈좋은 습관 만들기 프로젝트〉**

Plan ⇒ Do ⇒ See!!

1. 자신이 바꾸고 싶은 습관이 무엇인지 적어봅시다.
2. 일단 1개만 골라 시행합니다.
3. 잘 이행했을 때 스스로에게 보상을 주고
   이행하지 못했을 때 체벌하는 기준을 세웁니다.
4. 주변 사람에게 자신의 계획, 결심을 약속합니다.
5. 노트를 만들어 21일 동안 자신이 정한 습관을
   잘 이행하는지 체크합니다.
6. 한 주에 한 번씩 가족과 함께 점검합니다.
7. 성공 후 다른 습관 프로젝트를 진행합니다.

다니엘이 21일 동안 기도하여 응답받은 것처럼
하나님의 도움을 받아 습관을 바꾸는
힘을 기르면 어떨까요?

Part 6

# 마음으로 공부하는 원리

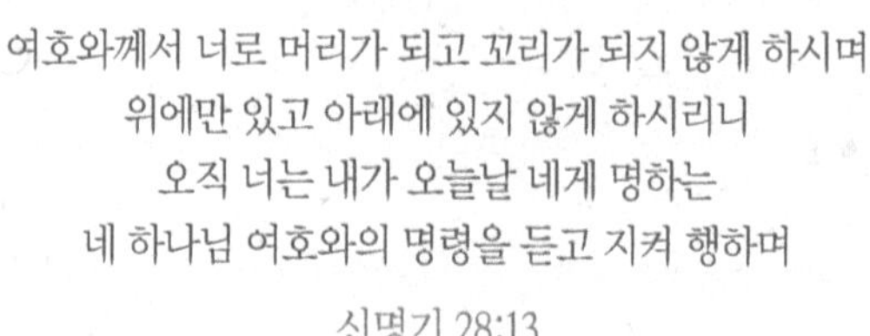

여호와께서 너로 머리가 되고 꼬리가 되지 않게 하시며
위에만 있고 아래에 있지 않게 하시리니
오직 너는 내가 오늘날 네게 명하는
네 하나님 여호와의 명령을 듣고 지켜 행하며

신명기 28:13

공부를 잘하고 성공하는 데 있어 지능지수(IQ)가 전부는 아닙니다. 능력 있는 사람이 되려면 감성지수(EQ), 사회지수(SQ) 등을 두루 갖춰야 합니다. 최근에는 다양한 문화에 대한 적응, 응용, 소통 능력을 나타내는 문화지수(CQ), 역경에 굴하지 않고 끝내 이겨낼 수 있는 역경지수(AQ)도 등장했습니다. 신앙생활을 잘하면 이런 지수들은 얼마든지 높일 수 있습니다.

신앙생활을 잘하여 마음을 옥토로 일군 사람은 타고난 지능이 별로 높지 않아도, 환경이 좋지 않아도 잡념 없이 집중하여 공부합니다. 공부 잘하는 비결의 핵심 원리는 머리보다는 마음으로 공부하는 것이기 때문입니다. 쉽게 말하면 마음의 지휘에 따라 공부한다는 의미이지요. 이때 마음은 진리로 일군 옥토의 마음입니다. 그렇다면 옥토의 마음은 구체적으로 어떤 마음일까요?

## 옥토의 마음을 가진 사람

옥토는 식물이 자라는 데 최적의 조건이므로 한 알의 씨를 심으면 풍성한 열매를 맺습니다. 마찬가지로 옥토의 마음은 하나님 말씀을 듣고 그대로 순종하여 응답과 축복을 받는 마음입니다.

이 마음의 특징은 단단하지 않고 부드럽기 때문에 하나님의 모든 말씀을 잘 받아들여 그대로 믿고 행합니다. 또한 옥토의 마음에는 거치는 돌이 없어서 말씀의 뿌리가 깊이 내립니다. 세상을 사랑하는 마음이 없기 때문에 '순종할까, 말까?' 하는 망설임이 없고 자신과의 싸움도 없습니다. 마음에 비진리가 없어서 말씀을 행하는 일이 어렵지 않습니다.

뿐만 아니라 악의 모양이 없기에 잡념이나 육신의 생각이 떠오르지 않지요. 그렇기 때문에 하나님의 뜻을 바르게 분별할 수 있고 성령의 음성을 밝히 들어 자신의 능력을 최대한 발휘합니다.

우리가 하나님 말씀으로 마음 밭을 개간하여 옥토로 만드는 만큼 환경은 물론 자신의 마음을 다스릴 수 있습니다. 잠언 4장 23절에 "무릇 지킬 만한 것보다 더욱 네 마음을 지키라 생명의 근원이 이에서 남이니라" 하셨으니 마음을 다스리는 일은 매우 중요합니다. 아직 마음에 비진리가 남아 있다면 자신의 마음을 정복했다고 할 수 없습니다. 비진리가 조금만 있다 해도 이내 마음이 변개하고 변질되기 때문입니다.

이런 사실을 안다면 마음 밭에서 영적으로 돌과 같은 역할을 하는 것들을 신속히 골라내고 가시떨기를 뿌리까지 뽑아야 합니다. 곧 하나님 말씀에 불순종하게 하는 모든 비진리를 벗어낼 때 옥토의 마음이 되어 자기 마음을 다스리게 됩니다. 그렇다면 왜 마음을 옥토로 일구었을 때 공부를 잘하게 될까요?

## 범사에 믿음의 눈으로 봅니다

어떤 학생은 공부할 의욕이 별로 없습니다. 매사에 '공부는 해서 무엇하나? 나는 머리가 나빠 공부하기는 틀렸어.' 하는 부정적이고 소극적인 자세를 갖기 때문입니다. 반면에 옥토의 마음을 가진 사람은 긍정적인 마인드와 적극적인 자세로 공부에 임합니다. '주님이 주시는 능력으로 할 수 있다. 열심히 공부해서 하나님께 영광 돌리고 꿈을 이룰 수 있다.' 하고 믿음의 고백을 하지요. 여호수아와 갈렙은 이에 대한 좋은 모델입니다.

이스라엘 백성이 가나안 정복을 앞두고 있을 때였습니다. 열두 지파에서 족장들 중 한 명씩을 뽑아 그 땅을 미리 탐지하기로 하였습니다. 막상 가나안 땅에 가서 보니 그곳에 사는 사람들이 굉장히 건장하고 강해 보였지요. 그 모습을 본 열 명의 정탐꾼들은 낙심하고 말았습니다.

반면 여호수아와 갈렙은 그들을 보고도 "그들은 우리 밥이라" 담대하게 고백했습니다. 무모한 배짱이 아닙니다. "여호와께서 우리를 기뻐하시면 우리를 그 땅으로 인도하여 들이시고 그 땅을 우리에게 주시리라"는 믿음에서 나온 자신감의 표현이었지요. 또한 "이는 과연 젖과 꿀이 흐르는 땅이니라" 하며 소망과 포부를 밝혔습니다(민 14:8~9).

가나안 땅을 눈앞에 둔 이스라엘 백성처럼 학생들 앞에 놓인 공부 역시 만만치 않은 도전입니다. 그러나 믿음이 있으면 "공부는 나의 밥이다!" 하며 능히 정복할 수 있습니다.

한 학생은 훌륭한 변호사가 되는 것이 꿈이었습니다. 어려운 법률을 공부하여 변호사가 되는 일이 말처럼 쉬운 일은 아닙니다. 하지만 어릴 때부터 그 학생은 신앙과 꿈, 비전에 대해 어머니와 많은 대화를 나누며 자랐기에 "주 안에서는 무엇이나 할 수 있다!"는 믿음이 있었다고 합니다. 하나님 말씀을 들으면서 부족한 모습은 변화시키려 노력하였고, 공부 잘할 수 있는 지혜를 달라고 기도하며 늘 하나님을 의지하였지요.

또한 마음먹은 것은 변치 않고 이루는 것이 중요하다는 어머니 말씀에 순종하여 꿈을 이루기 위해 기도하며 열심히 공부했다고 합니다. 그 결과 중학교 때에는 부시 대통령상을 받았고, 고등학교도 우수한 성적으로 졸업할 수 있었습니다. 뿐만 아니라 미국 명문대학교 법학과에 합격하여 그토록 원하던 변호사의 꿈을 향해 한 걸음 더 다가갈 수 있게 되었습니다.

이처럼 믿음은 "바라는 것들의 실상이요"(히 11:1) 말씀하신 대로 현재는 보이지 않아도 결과적으로 바라본 대로 이루어지는 것입니다. 여러분은 무엇을 바라보십니까? 공부는 물론, 업무나 모든 일을 믿음의 눈으로 바라보아야 합니다. 옥토의 마음을 가진 사람은 오직 믿음으로 바라보면서 진리를 좇아 행하므로 그 믿음대로 응답받게 됩니다.

## 목표를 이루기까지 변개하지 않습니다

'오늘은 이만큼 공부해야겠다.' 하고 목표를 정했을 때 유혹이 올 수도 있습니다. '피곤한데 그냥 자고 싶다. 뭔가 재미있는 일을 하고 싶다.' 하는 생각이 들 수도 있고, 가족이나 친구가 "오늘 하루만 놀고 다음에 열심히 하면 되지." 하고 달콤한 말로 유혹할 수도 있지요.

이럴 때 옥토의 마음을 가진 사람은 '그래, 그냥 내일부터 열심히 하자.' 하고 타협하지 않습니다. 모든 유혹을 물리치고 그날의 목표를 달성합니다. 유혹이 올 때는 물론이고 어떤 어려움을 만나도 아랑곳하지 않습니다.

목표를 향해 달려가다 환경적 어려움, 사람들과의 갈등이나 실패를 겪을 때에도 마음을 옥토로 일군 사람은 요동하지 않습니다. 앞서 설명한 대로 이러한 사람은 EQ 곧 '마음의 지능지수'가 높기 때문입니다.

어떤 어려움을 만나도 감정을 잘 다스리며 힘든 일도 잘 헤쳐나가지요. 마음의 평정을 잃지 않고 좌절하거나 포기하지 않으며 목표를 향해 꿋꿋하게 달려갑니다.

사도 바울은 후대의 수많은 크리스천에게 열정을 불어넣어 준 인물입니다. 빌립보서 3장 13~14절에 "형제들아 나는 아직 내가 잡은 줄로 여기지 아니하고 오직 한 일 즉 뒤에 있는 것은 잊어버리고 앞에 있는 것을 잡으려고 푯대를 향하여 그리스도 예수 안에서 하나님이 위에서 부르신 부름의 상을 위하여 좇아가노라"고 감동적인 고백을 남겼지요. 그러면 사도 바울은 어떻게 푯대를 향해 달려갔는지 EQ에서 중시하는 다섯 가지 항목에 비춰보겠습니다.

### 자신의 기분을 자각하고 존중하며 납득할 수 있는 능력

어떤 사람은 기분 내키는 대로 산다고 합니다. 물론 옥토의 마

## 옥토의 마음...

옥토의 마음을 가진 사람은

악이나 비진리가 없으므로 잡념 없이 집중하여 공부합니다.

마음이 주관하는 대로 성실하게 공부하여

최대의 효과를 얻습니다.

음을 가진 사람은 자신의 기분을 자각하거나 납득할 필요가 없습니다. 늘 최상의 기분을 유지하기 때문입니다. 기분이 흐렸다 맑았다 하거나 '나도 내 기분을 모르겠다.' 하며 혼란스러워하는 일이 없지요.

시기, 질투, 미움, 혈기 등이 없으니 '내 기분이 왜 이럴까?' 하고 혼란을 느낀다거나 '내가 이래서는 안 되는데' 하며 초조해하는 일도 없습니다. 물론 하나님 나라와 영혼들을 위해 애통할 때가 있긴 하지만 기분이 흐리거나 혼란스러운 것과는 다릅니다. 사도 바울은 복음 전파를 위해 고단한 삶을 살면서도 늘 기뻐했습니다.

빌립보서 4장 4절에 "주 안에서 항상 기뻐하라 내가 다시 말하노니 기뻐하라" 하며 끊임없이 성도들을 위로했지요. 고린도후서 13장 11절에 "마지막으로 말하노니 형제들아 기뻐하라 온전케 되며 위로를 받으며 마음을 같이하며 평안할지어다" 고백합니다. 바울은 자신의 마음이 항상 기쁘고 평안했기에 이처럼 성도들을 격려하고 위로할 수 있었지요.

### 충동을 자제하고 불안이나 분노와 같은 감정을 제어하는 능력

마음을 옥토로 일구는 만큼 악이 없어지기 때문에 불안이나 분노 같은 감정이 일어나지 않습니다. 자신의 욕구도 얼마든지 제어할 수 있어서 마음이 늘 호수처럼 잔잔합니다.

사도 바울은 현실을 보면 스트레스 받을 일이 많았습니다. 복음을 전하며 늘 생명의 위협을 느꼈지요. 아무 죄도 없이 억울하게 갇히거나 매도 많이 맞았습니다. 보통 사람 같으면 스트레스를 못 이겨 병에 걸리거나 쓰러졌을 것입니다. 그런데 바울의 마음에는 늘 희열이 넘쳤습니다. 심하게 매를 맞고 깊은 감옥에 갇혔을 때도 하나님을 찬미했습니다.

### 실패해도 좌절하지 않고 자신을 격려할 수 있는 능력

낙심하지 않는 마음은 옥토 마음의 대표적인 특징입니다. 혹 실패한다 해도 하나님을 믿기에 기뻐하고 감사합니다. 사도 바울의 사역은 인간적으로 보면 좌절할 만한 상황이 많았습니다. 복음을 전하는 곳마다 수많은 어려움과 훼방이 있었기 때문입니다.

사도행전 14장 19~20절에 "유대인들이 안디옥과 이고니온에서 와서 무리를 초인하여 돌로 바울을 쳐서 죽은 줄로 알고 성 밖에 끌어 내치니라 제자들이 둘러섰을 때에 바울이 일어나 성에 들어갔다가 이튿날 바나바와 함께 더베로 가서" 했습니다. 거의 죽다시피 하여 성 밖에 버려진 일도 있었지요.

그러나 바울은 또다시 오뚝이처럼 일어났고 복음 전하는 일을 멈추지 않습니다. 시련의 연속이었지만 그는 고백했습니다. "우리가 사방으로 우겨쌈을 당하여도 싸이지 아니하며 답답한 일을 당하여도 낙심하지 아니하며"(고후 4:8), "그러나 이 모든 일에 우리를 사랑하시는 이로 말미암아 우리가 넉넉히 이기느니라"(롬 8:37) 이 얼마나 멋진 고백입니까?

하나님의 영광을 위해 열심히 공부할 때 혹은 어떤 일을 추진할 때 실패할 수 있습니다. 혹 실패한 듯 보일 수도 있습니다. 그럴지라도 사도 바울처럼 마음에 하나님에 대한 사랑과 천국의 소망이 있는 사람은 넉넉히 이길 수 있습니다. 넘어졌다 해도 다시 일어나 하나님을 바라보면 결국 합력하여 선을 이루어 주십니다.

### 타인의 감정에 공감할 수 있는 능력

옥토의 마음을 가진 사람은 타인의 감정에 공감할 수 있는 능력이 있기 때문에 상대의 마음이 되어 주고 이해해 줄 수 있습니다. 마음을 헤아려 배려하며 자신의 유익보다 상대의 유익을 먼저 구하지요. 그러면 원수 맺을 일이 없고 미운 사람이나 이해 못할 사람이 없습니다. 그것이 바로 능력입니다.

사도 바울은 주님과 영혼 구원을 위해 자신이 누릴 수 있는 것조차도 누리지 않았습니다. 하루는 성도들이 우상의 제물로 썼던 고기를 먹어도 되는지를 그에게 물었습니다. 그는 얼마든지 믿음으로 먹을 수 있지만 믿음이 여린 성도들을 생각하여 '형제를 실족케 한다면 자신은 영원히 고기를 먹지 않겠다'며 상대의 마음을 헤아리는 모습을 볼 수 있습니다.

### 다른 사람들과 서로 협력할 수 있는 사회적 능력

마음 밭을 옥토로 일군 사람은 집단 내에서 조화를 유지하고 화평을 좇습니다. 분쟁이 있는 곳에서도 중재자의 역할을 하여 오히려 화평하게 만듭니다. 그래서 학교 친구들이나 직장 동료들과의 관계가 원만합니다.

사도 바울은 모든 일에 화평이 얼마나 중요한 덕목인지 누구보다도 잘 알았습니다. 그는 숱한 핍박을 받으면서도 그들에게 악으로 대항한 적이 없었습니다. 히브리서 12장 14절에 보면 "모든 사람으로 더불어 화평함과 거룩함을 좇으라 이것이 없이는 아무도 주를 보지 못하리라" 하며 화평은 성도들이 거룩하신 주를 뵙기 위해 꼭 갖춰야 할 자격임을 강조했지요.

걸핏하면 주변 사람들과 다투고 불평 불만하는 학생이라면 마음이 안정되지 않으니 공부에 몰입하기가 힘듭니다. 직장 생활을 하는 성도들도 마찬가지입니다. 일할 때마다 주변 사람들과 부딪치면 업무 능률이나 집중력이 떨어지지요. 공부를 많이 해서 지식이나 기술이 출중해도 화평하지 못하면 능력을 발휘하기는 어렵습니다. 주변 사람들과의 협력 없이 이룰 수 있는 일은 없기 때문입니다.

이처럼 화평케 하는 능력은 공부할 때뿐만 아니라 쌓은 지식을 활용할 때도 꼭 필요합니다. 지식을 아무리 많이 쌓아도 활용하지 못하면 소용이 없습니다. 지식을 활용하는 능력 곧 지혜가 더 중요합니다. 하나님께서 주시는 뛰어난 지혜는 결국 성결한 마음, 화평을 좇는 마음에 임합니다(약 3:17).

앞서 살펴본 대로 옥토의 마음을 지니면 목표를 이루기까지 변개하지 않습니다. 생각과 감정을 조절함으로 외적인 환경이나 조건에 상관없이 공부나 일에 몰입할 수 있지요. 유혹이나 시련이 다가와도 중도에 포기하지 않는 자세는 우리 삶의 어느 분야에나 필요합니다. 이처럼 옥토의 마음을 이루면 EQ의 모든 항목에서 최고 점수를 받을 수 있고 공부도 잘할 수 있습니다.

## 하나님의 도우심으로 능력 이상을 발휘합니다

예수님의 제자들은 대부분 배움이 많지 않은 어부였습니다. 이런 제자들도 사도로서 많은 사람들을 가르쳤습니다. 당시 성경을 깊이 연구한 대제사장과 장로, 관원들 앞에서 성경을 인용하며 거침없이 복음을 전하기도 했지요.

사도행전 4장 13절에 보면 이를 들은 사람들이 베드로와 요한

이 기탄없이 말함을 보고 본래 학문 없는 범인으로 알았다가 이상히 여겼다 했습니다. 이는 성령의 도우심으로 가능했지요. 예수님의 제자들은 예수님께 영적인 지식을 많이 배웠습니다. 성령이 오신 후에는 그 모든 지식을 마음으로 깨닫고 양식 삼았습니다. 이처럼 성령의 도우심을 입으면 누구나 자신의 능력 이상을 발휘할 수 있습니다.

예를 들어, 기억력이 부족한 사람이라도 옥토의 마음을 이루면 명심하기 때문에 기억을 잘할 수 있습니다. 명심은 무언가를 마음에 새기는 일입니다. 꼭 기억할 내용을 명심하면 성령께서 필요할 때 떠올려 주십니다.

저는 하나님을 만나기 전, 학창시절에 잠을 쫓으려고 각성제를 다량 복용한 탓에 기억력에 문제가 생겼습니다. 그런데다 7년 동안 아프면서 독한 약을 많이 복용하다 보니 점점 더 기억력을 상실해갔습니다. 하지만 하나님을 만나 온갖 질병을 치료받은 뒤에는 달라졌습니다. 물론 예전 일까지 모두 기억 나는 것은 아니지만 설교나 상담하는 데에 필요한 내용은 하나님께서 떠올려 주십니다.

하나님 나라를 위해 일정이 많지만 저는 일일이 메모하지 않습니다. 그때그때 성령의 역사 가운데 할 일이 떠오르기 때문이지요.

누군가와 약속을 할 경우, 날짜가 가까워지면 성령께서 떠올려 주십니다.

신학교 시절에는 제 기억력에 의존하지 않고 오직 하나님의 도우심으로 좋은 성적을 거두기도 했습니다. 신학교 1학년 때였습니다. 공교롭게도 작정 철야 중에 학기말 시험이 겹쳤습니다. 한 번 작정한 이상 변개할 수 없기에 예정대로 하나님께 철야 기도를 드렸습니다. 그 결과 놀라운 체험을 하였습니다. 작정 철야를 온전히 드린 뒤, 시험을 놓고 잠시 기도하면 하나님께서 문제를 알려 주신 것입니다.

알려 주신 문제들은 어김없이 나왔고, 저는 작정 철야와 시험을 모두 무사히 치를 수 있었습니다. 사심 없이 오직 하나님께 영광 돌릴 마음으로 간절히 구했을 때 하나님께서는 무한하고 신비한 능력으로 도와주셨습니다. 기억력뿐만 아니라 이해력도 마찬가지입니다. 성령께서 깨우쳐 주시면 어려운 내용이라도 쉽게 이해되고, 공부 요령도 스스로 터득할 수 있지요.

물론 하나님의 도우심은 하나님 앞에 신뢰를 쌓은 상태에서 믿음으로 구할 때 받을 수 있습니다. 따라서 하나님께 신뢰받는 자녀가 되어 주님이 주시는 능력과 성령의 도우심을 받아 자신의 능력 이상을 발휘하시기 바랍니다.

이제 열심히 공부해서 오직 하나님께 영광 돌리겠다는 원대한 꿈을 가지십시오. 그리고 마음을 옥토로 일구며 성실히 공부해 보십시오. 하나님께서 열정과 지혜를 주시고 학교, 가정, 일터, 사업터에서 영광 돌리게 하심으로 많은 영혼을 구원하는 일에 귀히 쓰실 것입니다.

+ Plus Message

# 자기 주도 학습

꿈이 없어 고민과 방황을 하던 학생이 있었습니다. 학창시절, 진로를 생각지 않고 결정한 대학 공부에 회의를 느껴 그만두겠다고 하자, 부모와 적지 않은 마찰을 빚었습니다. 힘들어하는 그에게 부모는 예전에 어떤 과목을 잘했느냐고 물었습니다.

순간, 학생은 자신이 음악에 재능이 있음을 떠올렸고 상담을 통해 성악을 공부하기로 결정했지요. 어느 날, 성악 레슨을 받던 중, 선생님이 "네 성격이면 지휘과가 잘 맞을 것 같구나." 했습니다. 그 말씀이 학생의 진로에 전환점이 되었습니다. 과연 자신의 적성과 흥미에 잘 맞아 즐거운 마음으로 공부할 수 있었고, 더 배우고 싶은 마음에 대학원까지 진학하게 되었습니다.

의외로 진로를 정하지 못해 방황하는 이들이 많습니다. 부모의 뜨거운 교육열에 이끌려 다니다 누군가 학습 계획을 잡아 주지 않으면 스스로 공부하기 어려운 수동적인 이들도 있지요. 자기 주도 학습은 단기간에 만들어지지 않습니다. 스스로 학습 계획을 세우며 조정해 보아야 자신만의 학습법이 생기는 것입니다.

### 1. 자신의 적성을 살펴라

자신이 어떤 분야에 재능이 있고, 무엇을 좋아하는지 객관적으로 파악해야 합니다. 스스로 알기 쉽지 않다면 부모나 상담 교사, 혹은 전문 기관을 통해 적성을 찾는 방법도 있습니다.

### 2. 꿈과 목표를 세워라

분명한 꿈과 목표가 학습에도 상당한 영향을 미칩니다. 자녀가 어릴 경우, 꿈과 목표가 시시때때로 변할 수 있지만, 어떤 분야에 관심을 두는지, 재능이 있는지 세심하게 살펴야 합니다. 그런 뒤, 자녀의 적성에 맞는 꿈과 목표를 설정할 수 있도록 지도해 주어야 합니다. 그러면 "공부해라, 공부해라." 하지 않아도 스스로 방법을 찾아 공부하게 됩니다.

### 3. 책 읽는 습관을 들여라

독서 습관은 글에 제시된 내용을 파악하여 의도가 무엇인지 이해하는 능력을 높여줍니다. 아무리 학습 의욕이 높고 시간 조절 능력이 뛰어난 학생이라 해도 이런 능력이 부족하다면 자기 주도 학습을 하는 데 어려움을 겪습니다. 어려서부터 책 읽는 습관을 길러주는 것이 자기 주도 학습의 바탕이 됩니다.

Part 7

# 그들이 말하는 공부 비결

# 대학 입시 준비, 글쓰기로 든든한 기초를 다져요~

**김 흔 집사**(30세)

이화여자대학교 일반대학원 교육학 전공 문학석사
현 한국직업능력개발원 고용능력개발 연구실 위촉연구원

김 흔 집사는 교육학을 전공하면서 이재록 목사님의 말씀을 전공 수업에 적용시키며 공부에 대한 즐거움과 신앙생활의 행복함을 더해 갔다고 한다. 그 덕분에 항상 성적우수 장학금을 받았고, 대학원에서도 모든 과목에서 A학점 이상을 받았다. 또한 2008년 9월, 크리스챤 신문사 주최 『나의 삶 나의 신앙』 독후감 공모전에서 영예의 대상을 수상한 바 있다. 학생들의 고민과 아픔을 이해하며 그들에게 진로와 비전을 심어주고 싶다는 그녀. 최근 자기 주도 학습 지도자 자격증을 취득한 그녀에게 대학 입시 준비에 관한 비결을 들어보자.

Q. 논술과 입학사정관 전형의 도입 배경은 무엇인가요?

수학능력시험(이하 '수능'으로 표기) 점수에 따라 일괄적으로 대학에 들어가던 몇 년 전과는 달리, 최근에는 수시전형, 입학사정관제도 등 다양한 입학 통로가 생겼습니다. 또한 정시전형도 대학별 및 모집 단위별로 어떤 과목을 몇 퍼센트 반영하여 조합하느냐, 논술을 포함하느냐 등에 따라 세분화되었습니다.

이렇게 대학에 입학하는 방법이 다양화되고 세분화된 이유가 뭘까요? 그 이유를 살펴보면, 대학이 학생들에게 요구하는 것이 무엇인지 알 수 있습니다. 그것은 입시를 위한 공부가 아닙니다. 대학이 원하는 것은 '공부의 기본' 입니다. 이러한 추세를 반영하듯 최근 대학 입시 전형은 공부의 본질을 강조하고 있습니다.
대학 입장에서 보면, 그동안의 입시 전형은 다소 미흡한 분야가 있었던 것이 사실입니다. 우수한 학생을 선발하고자 했지만, 학생이 제출한 교과 내신 성적과 수능 점수라는 단순한 수치만으로는 학생의 능력과 우수함을 다면적으로 평가하기가 어려웠습니다. 그래서 다방면에 걸쳐 우수한 학생을 선발할 수 있는 평가 방법을 계속 개발해왔는데, 그 중 최근 크게 주목을 받게 된 것이 바로 논술과 입학사정관 전형입니다.

**논술** 논술 전형은 수능시험으로는 평가할 수 없는 학생들의 여러 가지 능력을 평가하기 위해 1997년 서울대학교를 시작으로 상위권의 몇몇 대학에서 활용하기 시작했습니다. 특히 점수제였던 수능시험을 등급제로 바꾸면서 변별력이 떨어지자, 논술에 대한 관심이 커지기 시작하였고, 현재는 약 45개 대학에서 논술전형을 실시하고 있습니다. 상위권 대학으로 갈수록 학생들의 내신과 수능 점수에서 차이가 거의 나지 않으므로, 점수 폭이 큰 논술이 영향력을 갖게 되었습니다.
다년간의 입시 결과를 바탕으로 '논술을 잘하면 수능도 잘하고 대학 성적도 좋다'는 통념을 가진 대학들도 많아지게 되었습니다. 박성수(2008)[1)]의 연구 등에서도 논술이나 면접전형으로 입학한 학생이 수능전형으로 입학한 학생보다 학업성취도가 높게 나타났다고 보고합니다. 논술 전형의 도입 시기부터 이에 대한 효과성과 공정성 등에 대한 논란의 여지가 있어 왔지만, 대학 측에서는 이를 극복하기 위한 노력을 꾸준히 해왔습니다. 최근에는 통합적 사고 능력을 검증하기 위한 통합논술[2)]이 등장하여 창의적, 비판적, 논리적 사고력을 평가하는 방향으로 변화 및 발전하고 있습니다.

논술 전형은 고차원적인 사고능력을 평가하기 위한 것인 만큼, 남들과 다른 자기만의 생각과 자기만의 언어를 가지고 합리적으로 의사소통하는 능력이 필요합니다. 최근에는 요약 문제들도 출제되고 있는데, 요약을 한다는 것은 다른 사람의 이야기가 무엇인지 알아야 한다는 것을 전제로 합니다. 다시 말해, 알고 있는 내용을 바탕으로 새로운 것에 적용하는 능력과 이해의 폭과 깊이를 확장하여 표현할 것을 요구하고 있는 것입니다.
이러한 이유로, 우수한 학생을 선발하고자 하는 대학 입장에서 논술 전형은 포기하기 어려운 평가 방법이 되었습니다. 2012학년도 입시에 논술 전형이 축소된다고는 하나, 논술의 영향력은 오히려 커지거나[3)] 적어도 어떠한 형식으로든 글쓰기를 통한 평가방식이 유지될 것이라는 전망은 설득력을 가질 수밖에 없습니다.

**입학사정관** 입학사정관 전형은 학생에 대한 다면적인 평가를 통해 신입생을 선발하기 위한 입시제도로서, 목표를 이루기 위해 학생 스스로가 공부뿐만 아니라 목표와 관련된 활동을 평소에 얼마나 쌓아 왔는지를 평가하는 것입니다. 이러한 활동을 대학이 요구하는 포트폴리오 형식으로 준비하거나 자기소개서로 작성하기 위해서는 글쓰기의 역할이 클 수밖에 없습니다.

또한 입학사정관 전형에서는 면접이나 토론이 큰 비중을 차지하고 있습니다. 여기에서는 자신이 공부하고자 하는 분야에 대한 이해와 함께, 자신의 색깔을 유지하면서 논리정연하게 자신의 의견을 표현하는 것이 중요합니다. 또 주어진 질문에 즉흥적으로 대답을 해야 합니다. 그래서 면접이나 토론을 준비하기 위해 논술을 공부하는 경우가 많습니다. 입시 전문가들은 먼저 논술을 통해 전반적인 지식을 쌓고, 쓴 글을 어느 정도 외워 두는 것이 좋다고 조언하고 있습니다. 즉, 면접이나 토론을 다르게 표현하면, 말로 하는 글쓰기라고도 할 수 있습니다.

### Q. 논술과 입학사정관 전형에서 요구하는 능력은 무엇인가요?

논술과 입학사정관 전형을 좀 더 넓은 관점에서 보면, 단순히 대학에 가기 위한 수단으로서의 가치만 있는 것이 아닙니다. 많은 전문가들은 말하기와 글쓰기 능력이 지식과 감성이 중요시되는 지식기반사회에서 꼭 필요하다고 말합니다.

지식기반사회에 살고 있는 우리는 매 순간 엄청나게 많은 지식과 정보를 접하고 있습니다. 이러한 상황에서 경쟁력이 될 수 있는 필수 능력은 지식과 정보를 비판적으로 수용하고, 그 가운데 가치 있는 것을 골라 재구성하고 재생산해 낼 수 있는 힘입니다. 이 능력은 말하기와 글쓰기를 통해 발달할 수 있습니다.

무엇보다 고등학교 때와는 달리 대학에서는 어떤 지식이나 정보를 얼마나 정확하게 아는가에서 나아가 재구성해 낼 수 있는 능력을 필요로 합니다. 대부분의 과제들이 리포트(Report)로 작성되며 발표 수업이 많기 때문입니다. 초·중·고등학생들조차 내신 점수를 잘 받기 위해서라도 글쓰기 능력을 키워야 하는 때가 다가오고 있습니다. 정답만 골라내면 되는 선택형이나 단답형 문제가 줄어들고, 서술형·논술형 문제의 출제 비중이 높아지고 있습니다.

서울시 교육청의 경우, 주입식·암기식 교육의 병폐를 막기 위해 중·고등학교에서 시험문제를 낼 때 서술형 또는 논술형 문제 비율을 50%(2011년 기준)로 하라고 지시했으며, 각 교육청마다 차이는 있으나 해마다 그 비율이 올라갈 예정입니다.

뿐만 아니라 최근에는 직장인들을 위한 글쓰기 교실 등이 인기를 끌고 있습니다. 왜 그럴까요? 직장인의 업무를 보면, 3분의 1 이상은 기안서, 보고서, 업무용 이메일 등 실용 글쓰기, 즉 비즈 라이팅(Biz Writing)과 관련된 일입니다. 그렇기 때문에 직급이 올라갈수록 글쓰기의 중요성은 더욱 크게 부각됩니다.

또한 요즘은 인터넷을 통한 소통이 일반화된 사회입니다. 자영업 등에서도 인터넷을 많이 활용하는 추세인데, 아직도 인터넷 콘텐츠에서 '텍스트'가 차지하는 비중은 압도적입니다. 간략하게 자신의 생각을 '텍스트'로 표현하는 '트위터(Twitter)'를 비롯하여 SNS(Social Network Service)와 '블로그(Blog)'를 운영하며 영향력을 발휘하는 '파워블로거(Power Bloger)'를 통하여 일정 수준 이상의 글쓰기 능력이 현대인의 삶에서 얼마나 중요한 역할을 하는지 엿볼 수 있습니다.

이제 글쓰기는 어찌 보면 필수 능력이 되었다고 해도 과언이 아닙니다. 그러면 단순히 글만 잘 쓰면 된다고 생각할 수 있습니다. 하지만 이는 글을 잘 쓰는 것을 '문장을 잘 구사하는 것'으로 착각하기 때문에 생기는 오류입니다. 사실 '글쓰기 능력' 안에는 많은 능력이 포함되어 있습니다. 글쓰기의 본질은 '생각을 바르고 효율적인 언어로 표현하는 행위'입니다. 따라서 글을 잘 쓰는 사람은 '기획'을 잘하는 사람과 같다고 할 수 있습니다.

내가 표현하고자 하는 바를 처음부터 끝까지 어떻게 풀어낼 것인가를 정리하는 글쓰기 과정은 상당한 논리력, 추리력, 조합능력 등의 종합적인 사고능력을 요구합니다. 그래서 선진국에서는 읽기와 쓰기를 초등학교에서부터 대학에 이르기까지 모든 단계의 교육에서 크게 강조하고 있습니다. 세계 최고 대학이라는 미국 하버드 대학에서도 전공 불문하고 모든 입학생들에게 읽기 교육과 쓰기 교육을 강조하여 다음과 같이 교육 목표를 제시하고 있습니다.

"우리 하버드의 모든 학생들은 위대한 인류의 텍스트를 해석할 수 있어야 하고(All of our students should know how to interpret a great humanistic text), 명료하고 설득적으로 자신의 생각을 글로 구성해낼 수 있어야 한다(All of our students should know how to compose a literate and persuasive essay)."

따라서 논술과 입학사정관 전형의 기본 취지는 단순히 대학입시만을 위한 것이 아닌, 학생들이 앞으로 살아가는 데 꼭 필요한 능력을 키우기 위함입니다.

### Q. 글쓰기 능력을 키우려면 어떻게 해야 하나요?

최근 교육 흐름에서는 '생각하는 힘'과 '자기 주도 학습'이 강조되고 있습니다. 이러한 습관을 일생생활에서 갖춰나가는 가장 좋은 방법으로 교육학 전문가들은 '토론'과 '글쓰기'를 강조합니다. 논술이나 입학사정관 전형에서 요구하는 글쓰기는 단순한 단어의 나열이 아니기 때문입니다. 논술 답안지에 좋은 문장만 빼곡히 적었다고 해서, 알고 있는 정보만 나열했다고 해서 좋은 점수를 받는 것이 아닙니다. 대학은 논술을 통해 학생의 글쓰기 능력을 평가하는 것이 아니라, 삶 속의 문제들을 어떻게 이해하고 논리적으로 분석하는가와 같은 종합적인 사고력을 평가합니다.

**독서** '글쓰기'가 있으면 바늘과 실의 관계처럼 따라오는 것이 바로 '독서'입니다. 글을 잘 쓰는 사람들을 분석해 보면, 대부분 독서량이 많습니다. 그러나 무조건 책을 많이 읽고 독후감상문을 많이 썼다고 사고력이 확장되고 글쓰기 능력이 증대되는 것은 아닙니다.

가장 기본은 책 읽기를 즐겨하는 습관을 만드는 것입니다. 즉, 자신이 관심 있는 분야에서 출발하여 그와 연관되는 분야의 책들로 독서 영역을 넓혀갑니다. 예를 들어, 어떤 아이가 '의사'가 되고 싶다면, 처음에 훌륭한 '의사'들의 자서전과 같은 책을 읽거나 신체에 관한 책 등 직접적으로 연관된 책을 읽을 수 있습니다.

여기서 부모님들은 아이가 조금 더 확대된 관점에서 책을 선택할 수 있도록 도와주시면 좋습니다. 훌륭한 의사가 되려면 환자인 '사람'에 관심이 있어야 하고, 이를 위해서는 '사람'을 이해하기 위한 심리학이나 윤리학과 관련된 책을 읽도록 권하는 것입니다. 이러한 방법으로 독서의 영역을 다양하게 확대시킬 수 있습니다.

**대화** 독서 후, 부모님이나 친구와 짧게라도 대화하는 습관이 필요합니다. 대화를 통해 자신의 생각을 일목요연하게 정리해 볼 수도 있고, 다른 사람의 생각을 들어 봄으로써 생각의 영역을 확장시킬 수 있습니다. 그런데 따로 시간을 내서 이런 대화를 해야겠다고 한다면, 실천하기 어려울 수 있습니다.
식사시간에 자연스럽게 식탁에서 하루 일과를 물어 보면서 읽었던 책에 대해 간단한 대화를 나눌 수 있습니다. 산책이나 그 밖의 일상생활 가운데 이러한 대화를 나누며 능력을 키울 수도 있습니다. 예를 들어, 예배를 드린 후 아이들과 설교 말씀의 서론, 본론, 결론을 정리해보고 어떤 부분에서 은혜를 받았는지 대화해 주는 것만으로도 글쓰기의 기초를 형성하는 데 도움을 줄 수 있습니다.

**글 정리법** 글을 잘 쓰기 위해서는 독서를 하거나 설교 말씀을 글로 정리하는 습관을 들이는 것이 좋습니다. 처음부터 무리하여 서론, 본론, 결론의 틀을 맞춰 정리하지 않아도 됩니다. 시작은 일단 서론, 본론, 결론의 개요만 적은 후, 어떤 부분에서 가장 재미있었는지, 혹은 어떤 부분에 은혜를 받았는지에 대해서 집중적으로 쓰는 것이 좋습니다. 글쓰기에는 생각과 느낌 등 자신의 삶을 녹여낼 수 있는 능력도 필요하기 때문입니다. 이는 입학사정관 전형에 필요한 글쓰기인 자기소개서나 포트폴리오(*표)를 작성할 때 많은 도움이 됩니다.
여기서 개요를 적어놓는 이유는 전체적인 흐름이 어떤 것이었는지 시간이 지나도 한눈에 알 수 있기 때문입니다. 혹시 글로 정리하는 것이 힘들다면, 생각나는 것들을 두서없이 써 보는 것도 좋습니다. 이는 '브레인스토밍(Brain Storming : 집단 토의의 일종으로, 특정한 문제나 주제에 대하여 두뇌에서 폭풍이 몰아치듯 생각나는 아이디어를 가능한 한 많이 산출하도록 하는 방법)' 과정과 비슷한 원리로서, 단어든 문장이든 일단 풀어 써놓은 다음 퍼즐 맞추듯이 정리해가면 됩니다. 이런 식으로 한 주간 설교 말씀만 정리해도 일주일에 서너 편의 글을 정리하게 되는데, 이러한 노력이 꾸준히 쌓이면 글쓰기에 자신감이 생기고 능력도 향상됩니다.

설교 말씀 정리든 책에 대한 감상문이든 컴퓨터가 아닌 손으로 글을 쓰면서 정리할 경우, 한 권의 노트보다는 낱장을 묶어서 보관하는 바인더 등을 활용하는 것이 좋습니다. 그러면 주제별로나 자신만의 분류법에 따라 자유롭게 활용할 수 있기 때문입니다. 이 외에도 책에 직접 쓰는 방법이 있습니다. 즉, 책 뒤나 앞에 있는 속지에 메모하듯 간단하게 날짜와 함께 적어 놓으면 다음에 읽을 때 당시의 느낌을 되살릴 수 있고, 다시 읽고 나서 또 다른 생각을 정리하면서 자신의 생각을 확장시켜 나갈 수도 있습니다.

논술을 준비하는 학생이라면, 직접 손으로 글을 쓰는 습관을 들이는 것이 좋습니다. 논술 시험은 정해진 시간에 종이에 쓰기 때문입니다. 손으로 글을 쓰는 연습을 해두지 않으면, 머릿속에 있는 생각들이 종이

위에서 잘 정리되지 않는 경우가 종종 있습니다. 주어진 시간에 논리적으로 글을 쓰기 위해서는 반드시 '개요 짜기'를 해야 합니다.
개요 짜기를 하면, 글의 흐름을 일정하게 유지할 수 있고, 전체적인 균형을 잡아나갈 수 있습니다. 또한 불필요하게 내용이 중복되거나 중요한 내용을 빠뜨리는 것도 막을 수 있습니다. '개요 짜기'를 할 때는 먼저 전체적인 주제를 쓰고 서론, 본론, 결론에 들어갈 단어나 간단한 문장을 적어 두는 방법이 있습니다. 또는 간단한 그림이나 도표 모양으로 정리할 수도 있습니다.
이러한 연습을 평소에 해두면, 논술 시험을 볼 때 매우 유익합니다. 문제가 요구하는 바를 정확히 파악한 후, 문제지에 주제와 개요를 먼저 적고, 그것을 보면서 답안지를 작성해나가면 논지를 이탈하지 않으면서 시간도 적절히 분배할 수 있습니다. 논술 시험관들이라면, 개요를 짜고 썼는지 아닌지 정도는 금방 파악할 수 있기 때문에 개요를 짠 글들은 대체로 좋은 점수를 받을 수 있습니다.

**메모** 관심 분야의 신문기사나 잡지 등의 글을 스크랩해 놓거나 메모를 남겨두는 습관도 글쓰기에 큰 도움이 됩니다. 최근에는 핸드폰에도 메모 기능이 있어서 순간에 떠오르는 생각이나 각종 매체에서 접하는 인상적인 글을 쉽게 남길 수 있습니다.
메모를 남길 때는 내용 요약뿐만 아니라, 떠오르는 생각도 함께 적어두어야 합니다. 또한 메모를 데이터베이스화 하여 자신이 필요할 때마다 쉽게 꺼내 쓸 수 있도록 해야 합니다.
저의 경우는 메모할 때 설교 말씀과 관련된 것은 노란색, 기사나 잡지에서 본 것은 파란색, 갑자기 떠오른 아이디어는 초록색으로 구분해 놓곤 합니다. 이뿐 아니라 관심 분야에 따라 주제별로 정리하거나, 일기처럼 정리하거나, 컴퓨터의 엑셀과 같은 프로그램에 일목요연하게 정리하는 방법도 있습니다.
이러한 습관은 배경 지식을 확장시키고, 다양한 글쓰기에 대처할 수 있는 좋은 습관입니다. 이와 같이 메모는 자신만의 포트폴리오를 구성하는 데 매우 좋은 자료가 되므로 입학사정관 전형 등에서도 유용하게 활용할 수 있습니다.

**글쓰기 프로그램** 좀 더 전문적으로 글쓰기를 배우고 싶다면, 무작정 논술학원으로 가는 것보다는 글쓰기 캠프에 참여하는 것이 좋습니다. 글쓰기 캠프는 도서관에서 주최하는 독서 캠프나, 언론사에서 실시하는 학생기자 캠프 등 여러 형태로 진행되며, 학생들의 흥미를 불러일으키면서도 전문적인 글쓰기를 배울 수 있는 프로그램입니다. 논술학원에서는 시험에 합격하기 위한 스킬(skill)에 맞춰진 수업만을 받을 가능성이 높습니다.

**어려서부터! 평소에!** 평소에 글쓰기를 학습하는 과정은 탐구 과목에 필요한 기초 능력을 배양해 줍니다. 때문에 그 과목의 실력을 향상시키는 데 직접적인 도움이 됩니다. 특히 글의 구조를 분석하여 주제를 찾고 단락의 구성을 파악하는 과정을 통해, 언어 영역이나 외국어 영역에 큰 도움이 될 수 있습니다. 또한 글쓰기는 생각하는 힘과 자기 주도 학습 능력을 키워주기 때문에, 기초적인 학습 능력과 공부의 질적 수준을 높여 줍니다. 이러한 능력은 결과적으로 학습 효율성을 극대화시킵니다.

하지만 글쓰기는 논리력, 추리력, 조합능력 등 복합적인 능력이 어우러져 완성되므로 단기간에 학습되기가 어렵습니다. 따라서 학생들도, 부모님들도 어려서부터 글쓰기 능력이 다져질 수 있도록 평소에 관심을 가져야 합니다. 일상생활에서 실천할 수 있는 글쓰기를 통해, 논술과 입학사정관 전형 준비뿐만 아니라, 21세기에 꼭 필요한 인재로서의 자질을 갖추시기 바랍니다.

포트폴리오(Portfolio)란?

서류가방, 자료수집철, 자료 묶음 등을 뜻한다. 이 글에서 사용된 포트폴리오의 뜻은, 자신의 이력이나 경력 또는 실력 등을 알아볼 수 있도록 자신이 과거에 만든 작품이나 관련 내용 등을 모아 놓은 자료철 또는 자료 묶음, 작품집으로, 실기와 관련된 경력증명서를 의미한다.
포트폴리오라는 단어는 다양한 분야에서 사용되는데, 특히 경제 부문이나 건축, 예술 방면에서 많이 사용되고 있다.

1) 박성수(2008). 우수학생선발을 위한 대입전형요소의 분석. 성균관대학교 박사학위 논문.

2) 서울대는 '통합교과형 논술', 연세대는 '다면사고형 논술', 고려대는 '통합 논술'이라고 표현하는 등 각 대학마다 다양한 이름으로 논술을 표현하고 있지만, 추구하는 바는 비슷하다. 즉, 다양한 교과목의 지식을 활용하여 주어진 논제를 해결할 것을 요구하는 논술을 뜻한다.

3) 논술이 주요 평가요소인 전형의 선발인원수가 대학별로 축소됨에 따라 경쟁률이 높아질 것으로 예상되기 때문. [2011. 4. 11(월) 동아일보]

# 꿈을 선명하게 그려보세요

**성다경 자매**(22세)
이화여자대학교
경영학과, 국제사무학과 재학

학업뿐만 아니라 신앙생활도 A 인 성다경 자매. 그녀가 하나님의 축복으로 2011년 8월, 이화여대 교환학생으로 미국 유학 길에 올랐다. 하나님 나라에 쓰임 받는 도구가 되려는 큰 꿈이 있기에 주저 없이 힘찬 발걸음을 내딛는 그녀의 미래가 기대된다. 그녀만의 특별한 공부 비법을 들어보자.

## Q. 외국어 영역 공부는 어떻게 했나요?

외국어 문제는 단어를 모르고서는 풀 수 없기 때문에 단어 실력을 탄탄히 다져야 합니다. 하지만 집중해서 공부할 수 있는 시간에 단어를 외우는 것이 아까워 학교나 학원을 오갈 때 단어 공부를 했어요. 한 단어집을 여러 번 반복해서 보는 것을 추천합니다. 처음에는 모든 단어를 쭉

한 번 훑어보고, 그다음에는 모르는 단어에 표시를 하면서 외우고, 또 그다음에는 표시한 단어만 외우기를 반복하면 굉장히 효과가 좋아요. 특히 하루하루 외워야 할 분량을 표시해 놓은 단어장이 시중에 나와 있어요. 그 스케줄대로 따라가면 아주 수월합니다. 그리고 새 단어를 외우기 전에 전날 외웠던 단어를 다시 한 번 보는 것을 잊지 마세요! 또 영어 단어가 한 번에 외워지지 않더라도 그것은 당연한 일이니 실망할 필요가 없습니다. 단어를 처음부터 외우려 하지 말고 여러 번 본다는 생각으로 시작하세요. 보고 또 보다 보면 어느 순간 외우고 있는 자신의 모습을 발견할 것입니다.

또한 외국어 공부는 꾸준히 해야 합니다. 하루에 몇 개의 지문을 풀겠다고 정해 놓고 하면 좋아요. 그리고 어느 정도 실력 있는 학생들이라면 자신의 수준보다 약간 어려운 문제집을 풀어보라고 추천합니다. 어려운 문제들을 풀고 나면 실제 수능 영어는 훨씬 쉽게 느껴진답니다.

Q. 공부하다 힘들 때 어떻게 이겨냈나요?

사실 예배나 기도 등 영적인 방법으로 힘든 순간을 이겨내는 것이 최고예요. 하지만 또 한 가지 간단한 방법을 소개하자면 슬럼프가 올 때 자신이 목표한 대학교에 직접 가보는 것입니다. 물론 목표로 하는 대학이 아니더라도, 멋진 캠퍼스나 대학생들이 많은 거리를 거닐다보면 공부할 의욕이 생깁니다.

저도 대학 입시를 준비하면서 목표한 대학교에 가보았는데, 젊음이 넘치는 대학 분위기와 아름다운 캠퍼스, 그리고 마냥 멋있어 보이는 대학생 선배들을 보면서 '나도 남은 시간 열심히 공부해서 이곳에 꼭 와야지!' 하며 마음을 다지게 되었습니다. 가끔 공부하다가 지루하면, 대학에 합격한 뒤에 하고 싶은 일들을 쭉 써보곤 했어요. 그러면 기분 전환이 될 뿐만 아니라 큰 소망이 생긴답니다.

Q. 시간 배분과 신앙생활을 어떻게 했나요?

크리스천 학생들 중에 이 문제로 고민하는 경우를 많이 보았습니다. 일단 예배나 기도와 같은 기본적인 신앙생활을 우선으로 해야 해요. 그 뒤에 남는 시간을 모두 공부에 투자하는 것이 정답입니다. 저는 고3 시절, 아침 5시 30분에 일어나 공부를 하고 학교에 다녀온 뒤, 곧바로 학원으로 가서 수업을 듣고, 이어 자습을 했어요. 저녁 식사는 학원에서 기도하러 교회에 가는 길에 삼각김밥으로 때우곤 했어요. 1시간 정도 기도한 뒤, 교회 도서관에서 다시 공부했습니다.

하계 수련회 기간이 다가오면 행사 준비는 물론, 모든 일정에 빠지지 않고 참석했어요. 그러다 보면 당연히 다른 학생들보다 일주일 이상 공부를 못하게 됩니다. 대신 남은 방학 기간을 최대한 활용하면 된답니다. 저는 수련회가 끝난 후, 남은 방학 기간 동안 문제집만 12권을 풀 정도로 최선을 다해 공부했습니다. 시간은 내는 만큼 나오고, 하나님께서는 그분께 시간을 드린 만큼 더 능력을 주시는 분이세요!

신앙생활에 마음 쓰지 않고 공부하면 당연히 노력한 만큼은 성적이 나옵니다. 하지만 실력 이상의 결과를 바란다면 신앙이 우선시 되어야 합니다. 신앙생활에 투자하는 시간 또한 여러분의 공부에 투자하는 시간이라고 생각하시면 됩니다. 저는 대학교 2학년 2학기 때 All A+를 받았는데, 다른 학기와 차이점이 있다면 적은 시간이라도 매일 교회에 와서 기도했다는 것입니다. 때문에 제 능력을 뛰어넘는 성적을 받을 수 있었습니다.

### Q. 자신만의 공부 방법이 있다면?

공부 계획을 짤 때 "외국어 2시간, 수리 2시간"처럼 시간으로 배분하지 않고 양으로 배분했습니다. 시간으로 배분하여 계획을 짜면 그 시간이 끝날 때까지 해야 하므로 지칠 때가 있습니다. 그래서 저는 "오늘 외국어는 몇 과, 수리는 몇 과" 이렇게 양으로 배분했지요.

만일 그날따라 집중이 잘되어 계획대로 공부하고도 시간이 남는다면 잠시 책을 덮고 쉬거나 다른 활동을 하길 권해요. 열심히 공부한 만큼 스스로 보상을 해 주어도 좋거든요. 그렇게 함으로써 나중에 공부할 때 힘을 내 더 잘할 수 있답니다. 단, 고3 수험생일 경우에는 쉬면 안 된다는 것 아시죠? 그 시간에 취약한 과목을 보충해야 합니다.

### Q. 입시 준비할 때 힘이 되었던 말씀이 있다면?

빌립보서 2장 13절에 "너희 안에서 행하시는 이는 하나님이시니 자기의 기쁘신 뜻을 위하여 너희로 소원을 두고 행하게 하시나니" 이 구절은 개인적으로 좋아하는 말씀입니다.
하나님께서 제 꿈을 주관해 주시고 이루어 가신다는 마음이 들기 때문이에요. 그래서 꿈에 대한 확신이 오고, 하나님께서 도와주실 것이라는 믿음이 생긴답니다. 무엇보다 입시를 준비하는 시간이 '하나님께서 자기의 기쁘신 뜻을 위하여 나를 사용하려고 예비하신 과정'이라는 생각에 이 말씀만 떠올리면 마음이 설레었어요.

Q. 신앙의 선배로서 후배들에게 조언을 들려주세요.

공부의 성패를 가르는 것은 꿈의 유무라고 생각합니다. 확고한 꿈이 있으면 그 꿈이 공부를 하게 하는 원동력이 돼요. 막연하게 그냥 "공부해야지."라고만 생각하지 말고 공부가 꿈을 이루기 위한 수단이라고 생각하면 공부에 대한 생각이 많이 바뀔 것입니다.
사실 저도 공부하는 것을 싫어해서 아무 이유 없이 그냥 공부하라고 했다면 제대로 하지 못했을 거예요. 하지만 저에게는 너무나도 이루고 싶은 간절한 꿈이 있고, 그 꿈을 실현하기 위해서 지금도 공부합니다.
여러분도 앞으로 자신이 무엇을 하고 싶은지 잘 생각해 보고, 또 기도하여 마음에 주관을 받아 확실한 꿈을 가지시기 바랍니다. 저 역시 아직 꿈을 이루어 나가는 과정 중에 있지만 꿈이 확고하다 보니 그것을 위해 어떤 것들을 준비해야 할지, 방학 때에는 무엇을 해야 할지 등 앞날을 위한 방향을 정확히 잡을 수 있었습니다.

그리고 한 가지 덧붙이자면 자신이 앞으로 활동하고 싶은 분야의 최고 전문가를 꿈꾸었으면 좋겠습니다. 꿈이 클수록 준비할 분야가 많고 그만큼 벅찰 수도 있지만, 그것이 하나님 나라를 위한 일이라면 하나님께서 모든 길을 여시고 반드시 이루어 주실 것입니다.

# 믿음과 자신감을 갖고 최선을 다하세요~

**문석준 형제**(15세)

International School(미국 국제학교) 9학년 재학

아버지의 직장을 따라 미국과 중국에서 학창시절을 보내는 문석준 형제. 긍정적인 마음과 주 안에서 선한 소망을 가지고 열심히 공부하는 그는 2009년에 이어 2010년에 미국 오바마 대통령상을 받았다. 학교 성적도 4.0만점에 4.0을 받은 수재다. 중국 청도에서 국제학교에 다니는 그에게 특별한 공부 비법을 들어보자.

Q. 미국에서 학창 시절을 어떻게 보냈나요?

저는 아버지 직장 관계로 2006년 미국 오레건 주로 가게 되었어요. 처음 미국에 왔을 때에는 초등학교 4학년이라 모든 것이 낯설기만 했습니다. 언어가 다르고 문화와 풍습, 생김새가 다른 나라에서 생활한다는 것이 설렘과 도전이 되었어요. 당시에는 아주 기본적인 영어인 “Where is the restroom?" 정도밖에 할 수 없었답니다. 하지만 하나님께 맡겨드리는 믿음으로, 긍정적인 마음으로 하나씩 배워 나갔습니다. 제가 매우 빨리 영어를 습득하자 주변에서 다들 놀라워하였습니다.

미국 학교(Sexton Mountain Elementary School)에서 수업할 때에는 말을 할 수 없었어요. 친구들이 말을 걸면 알아듣지 못해서 엉뚱한 대답을 하곤 했습니다. 그때마다 친구들은 재밌다며 "와~" 하고 웃었지만, 저는 부끄러워하거나 주눅들지 않았어요. 믿음으로 잘하게 될 것이라고 믿었습니다.

제가 미국 친구들보다 잘할 수 있는 것은 수학이었기에 그 과목만큼은 다른 아이들에게 지지 않으려고 노력했어요. 그런 뒤, 한 과목씩 정복해 나갔습니다. 그랬더니 미국생활 1년 6개월 정도 후에는 웬만한 영어 구사를 자유자재로 할 수 있게 되었어요. 그러면서 다른 친구들보다도 더 적극적으로 학교생활에 임했습니다.

5학년 때에는 모의 시장 선거가 있었어요. 저도 시장 후보로 출마하여 학년 전체 친구들 앞에서 후보 연설을 했답니다. 결국 각 반 대표들을 제치고 시장으로 당선되었습니다. 영어는 부족하지만 믿음과 자신감으로 이루어낸 성과였기에 저에겐 큰 능력이 되었습니다.

중학교(Conestoga Middle School)에 입학할 때, 하나님께서 아침에 학교 상공에 원형 무지개를 띄워 주셔서 행복했던 기억이 납니다. 중학교에서도 각 과목마다 최선을 다했고, 악기 연주(클라리넷), 운동, Student Council 등 모든 분야에서 최선을 다했어요. 한 번은 한 과목에서 B를 받았어요. 그 과목의 성적을 올리고자 부족한 부분을 집중적으로 공부했고, 전체 학기에서 A를 받게 되었습니다. 이를 통해 노력하면 안 될 것이 없다는 자신감을 갖게 되었어요.
미국에 온 지 만 3년 되던 2009년 7월, 학교에서 집으로 우편물이 도착하여 열어보니 뜻밖에도 오바마 대통령 최우수상 상장이 들어 있었습니다. 이 상은 모든 과목의 성적이 우수하고 여러 분야에 탁월한 면모를 보이는 학생에게 주는 상이라고 합니다. 6학년(미국 중학교 1학년)과 7학년 전 학기 과정을 4.0 만점에 4.0을 받았고, 오레건 주에서 실시하는 영어, 수학 테스트 등에서도 우수한 성적을 거두었습니다.

Q. 중국 청도 국제학교 생활은 어떤가요?

지금은 중국 청도에서 생활한 지 1년이 조금 넘었습니다. 중국에 왔을 때에도 한자(漢字)는 물론 중국어를 전혀 할 줄 몰랐어요. 하지만 영어를 공부할 때와 마찬가지로 끈기를 가지고 공부했어요. 아직은 많이 부족하지만 HSK 5급 자격증(중국한어수평고시, 6급이 가장 높은 급수)을 공부할 정도로 발전했습니다.
이곳에서는 미국 국제학교에 다닙니다. 미국 학교는 모든 숙제가 다 성적으로 반영되기 때문에 하나라도 게을리해서는 좋은 성적을 받기 어려워요. 때로는 숙제와 공부를 하다가 새벽 3시경에 잠들 때도 있지만, "힘들다, 하기 싫다." 이런 생각은 해보지 않았어요. 매사에 열심히 하는 습관이 매우 중요하다고 생각했기 때문입니다.

학교 수업 때 저는 선생님께 집중하고 하나라도 놓치지 않으려고 노력합니다. 모르는 부분이 있으면 이해가 될 때까지 질문을 했어요. 이러한 노력은 선생님께 신뢰를 얻는 과정이기도 했습니다.

Q. 앞으로의 비전이 있다면?

"공부 잘하는 비결" 말씀은 저의 공부 방향을 다시 잡아준 계기가 되었어요. 저는 세상에서 유행하는 노래나 패션, 인기 드라마 등 친구들이 관심을 갖는 분야에 대해서는 잘 모릅니다. 하지만 제가 열심히 공부하고 친구들이 모르는 것을 물어보면 성심 성의껏 설명해 주고, 운동도 열심히 하는 모습을 보고 친구들은 물론 학교 선배들도 저를 인정하고 좋아합니다. 믿음으로 진실하게 행하려고 노력하니 모든 일이 형통하다는 것을 체험하게 되었어요.
이렇게 열심히 공부하고 최선을 다하면 결국에는 원하는 대학, 학과에 입학할 수 있을 것이라 생각합니다. 제가 미국에 가기 전에 어느 목사님께서 "영어를 열심히 공부하여 나중에 하나님 나라에 큰 힘이 되세요." 라고 격려해 주신 적이 있습니다. 저는 그 말씀을 마음에 새기며 더욱 공부에 매진하였어요. 하나님 나라에 귀히 쓰임 받는 아들이 되기 위해 지금도 노력하며 달려갑니다.

## 오르지 못할 산은 없습니다

**서민석 집사**(31세)

강남 세브란스병원 인턴 및 가정의학 전공의
연세대학교 대학원(의학과) 석/박사 통합과정 이수중
현재 국방부 의무실 가정의학과 군의관

서민석 집사는 자신의 삶에 있어서 가장 행복한 순간은 하나님 말씀을 들을 때라고 고백한다. 설교를 들으면 궁금했던 분야가 시원하게 풀리기 때문이다. 의사가 되기 위해 때로는 어려움도 있었다고 한다. 힘든 시기마다 어떻게 이기고 공부에 전념했는지 그 비결을 들어보자.

### Q. 고등학교 때 성적을 올릴 수 있는 방법은?

제일 중요한 것은 기초입니다. 저는 고등학교 1학년 때 처음 본 모의고사에서 수학 점수가 80점 만점에 40점도 나오지 않았습니다. 워낙 수학을 싫어했던 터라 공부를 한다고 했지만 기초가 약했던 거죠.
선생님과 상담을 한 뒤 고등학교 2학년 때(이때는 보통 수학 I을 공부합니다.) 고등학교 1학년이 배우는 공통수학 문제집을 반복해서 풀기로 했습니다. 4번 정도 풀고 나니 자신감이 생겼습니다. 이처럼 필요하면 중학교 과목을 다시 공부하더라도 기초를 다지는 일이 성적을 올릴 수 있는 방법이라 생각합니다.

Q. 입시 준비할 때 힘이 된 말씀이 있나요?

공부하다 보면 잘 안 될 때가 있습니다. 그럴 때 저는 이어폰을 꽂고 찬양을 크게 틀어놓고 들었습니다. 한 10~20분 정도 듣다 보면 정신이 맑아집니다. 그런 다음 공부하면 집중도 잘되고 '하나님이 나를 사랑하신다' 는 마음이 들었습니다.

또 "내게 능력 주시는 자 안에서 내가 모든 것을 할 수 있느니라"(빌 4:13)는 말씀이 학창시절에 많은 힘이 되었습니다. 고등학교 3년 동안 저는 한 번도 의대에 갈 수 있는 모의고사 성적을 받은 적이 없기 때문에 현실이 보일 때마다 이 말씀을 생각했습니다. 그때마다 자신감과 감동이 밀려왔습니다.

Q. 신앙과 공부를 병행하는 비법이 있다면?

의료 선교사가 되면 좀 더 실질적인 도움을 주며 선교할 수 있겠다는 생각에 의대에 진학하였습니다. 처음에는 기도 시간을 할애하면 '다른 학부생보다 뒤처지는 게 아닌가' 하고 걱정이 앞섰습니다.

하지만 하나님께서 능력으로 붙들어 주실 것을 믿고 매일 밤 교회에 나가 기도회(다니엘철야 기도회)에 참석하였습니다. 또한 성경 말씀을 읽은 뒤 공부하니 하나님께서 짧은 시간 더욱 집중하여 공부할 수 있도록 은혜를 주셨습니다. 자연히 좋은 성적을 받게 되었지요.

의사고시를 볼 때에는 시험 치르기 약 100일 전에 이재록 목사님께 기도를 받았습니다. "좋은 성적으로 합격하여 하나님께 영광 돌리게 해 주옵소서!" 라고 기도해 주셔서 평안한 마음으로 공부하며 시험을 준비할 수 있었습니다. 과연 기도대로 우수한 성적으로 의사고시에 합격했고, 더불어 세브란스병원 인턴 시험도 무난히 통과했습니다.

Q. 신앙의 선배로서 후배들에게 따뜻한 조언을 들려주세요.

의과대학에 입학하여 본과 3학년 때 만민중앙교회에 등록한 뒤부터는 다니엘철야 기도회에 빠지지 않으려고 노력했지요. 그러자 졸업할 무렵에는 성적이 중상위권으로 올랐습니다. 끝까지 하나님을 의지하면 결국엔 선한 길로 인도해 주십니다. 학생들도 그때까지 '기다림'의 시간을 인내로 잘 승리하시기 바랍니다.

의과대학 시절, 공부를 하면 콩나물 시루에 물을 붓는 기분이었습니다. 붓는 즉시 밑으로 다 빠져나가 버리는 것 같았습니다. 공부를 열심히 했는데, 내용이 잘 떠오르지 않을 때에는 자신에 대해 실망하기도 했어요. 그러나 끝까지 포기하지 않고 노력하다 보니 어느새 콩나물이 무럭무럭 자라 있었습니다.

조급한 마음에 자꾸 콩나물 시루만 열어보지 마시고, 그 시간에 물을 한 번 더 뿌려 보십시오. 결국엔 풍성한 열매를 맺을 수 있을 것입니다. 마지막으로 제가 좋아하는 양사언의 '태산가' 를 들려 드리겠습니다.

"태산이 높다 하되 하늘 아래 뫼이로다.
오르고 또 오르면 못 오를 리 없건마는
사람이 제 아니 오르고 뫼만 높다 하더라."

# 스펙이 아닌, 자신만의 길을 선택하세요

**홍영식 장로**(46세)

고려대학교 화학과 졸업
고려대학교 이학박사
서울교육대학교 과학교육학과 교수

어린 시절, 홍영식 장로는 학생들과 어울리는 선생님의 모습이 무척 좋아보였다고 한다. 32세에 박사 학위를 받고 프랑스 보르도 대학에 2년간 연구원으로 재직한 그는 귀국 후 한국전자통신연구원 선임연구원으로 근무했다. 그뒤 2005년부터 서울교육대학교 교수로 임용되어 연구와 강의에 전념하고 있다. 어린 시절 품었던 소망을 이룬 그의 비결은 무엇인지 들어보자.

## Q. 학창 시절 '공부해야겠다!' 결심한 계기가 있다면?

부모님께서는 제가 학자나 외교관이 되기를 원하셨습니다. 시골에서는 좋은 학교에 진학하기 어려웠기 때문에 초등학교 6학년 때부터 집에서 40km 떨어진 삼촌 댁에서 중학교 2학년까지 생활했습니다. 주말이면 집에 갔다가 월요일 새벽 첫 버스를 타고 등교하였지요. 버스 차창 너머로 안타깝게 손 흔드시며 아들을 배웅하는 부모님을 바라보며 '공부를 열심히 해야겠다'고 다짐하였습니다. 이 마음은 대학을 졸업하고, 대학원에서 석사 학위를 받고 늦은 나이에 군대를 갔다 온 후에도 변치 않았습니다. 결국 취직하지 않고 박사 학위를 받기 위해 진학하게 되었습니다.

Q. 박사과정을 거쳐 교수가 되기까지의 과정은?

박사과정 중에 어려운 점은 보장되지 않는 미래에 대한 불안이었습니다. 또한 국내에서 학위를 받았기 때문에 불리한 점이 있었습니다. 이를 극복하고자 더 열심히 노력했지요. 특히 박사 학위를 받은 1997년에는 SCI 논문(국제적으로 공인된 학술지)만 여섯 편을 발표하였습니다. 박사과정을 마치고 연구원으로 2년간 프랑스 유학을 다녀온 뒤 고려대학교에서 계약직 연구원으로 근무하게 되었습니다.

이후 대전 대덕연구단지에 있는 한국전자통신연구원에 근무하면서 꿈을 이루기 위해 전공분야인 무기화학 연구에 전념했습니다. 순간순간 '연구 시간을 더 가져야 하는데…' 하면서도 하나님 나라와 의를 먼저 구했습니다(마 6:33). 당시 제가 섬기던 교회(대전만민교회)에서 남선교회 회장의 사명을 맡고 있었기에 마음에는 영혼 구원이 먼저였습니다. 하나님 나라를 위해 봉사하고 충성하면서, 연구에도 최선을 다했더니 하나님께서 지혜와 명철을 주심으로 많은 연구 실적을 올릴 수 있었지요.

2005년까지 총 51편의 논문을 쓸 수 있었습니다. 그 후 하나님 은혜와 축복으로 서울교대 교수로 임용되어 대학교수의 꿈을 이루었습니다.

### Q. 꿈을 이루기 위해 필요한 것이 있다면?

꿈을 이루는 데 있어 가장 중요한 요건은 '인내'와 '노력'입니다. 미국의 심리학자 터먼이 IQ가 140이 넘는 어린이 1,528명을 대상으로 성장한 모습을 연구했더니 일반인들과 큰 차이가 없었습니다. 왜 그럴까요? 그들의 노력이 일반인과 차이가 없었기 때문입니다.

성공의 열쇠는 타고난 재능보다 후천적인 노력에 있다고 생각합니다. 저는 석사와 박사 학위를 받는 과정이 미래를 알 수 없는 막막하고 어려운 길이었지만 중도에 포기하지 않았습니다. 꿈을 이루기 위해 끊임없이 연구하고 노력해 왔습니다.

### Q. 대학과 전공은 어떻게 선택해야 할까요?

전공과목의 인기나 졸업 후 취직보다 중요한 것은 자신이 가장 잘할 수 있는 분야를 선택하는 일입니다. 누구나 자신에게 맞는 분야가 있습니다. 대학의 선택도 중요하지만, 전공의 선택이 더 중요합니다. 좋은 대학에 진학했다고 모두 성공하는 것은 아니며, 성적으로 인해 원하는 대학에 가지 못했다 해서 모두 실패하지도 않습니다.

고등학교 때까지는 전 과목의 성적이 필요하지만, 대학은 자신이 잘할 수 있는 전공을 선택하기 때문에 열심히 하면 두각을 나타낼 수 있습니다. 대학의 교수진을 보면 S대 출신과 모교 출신이 절반 정도입니다. 어디에서든지 열심히 노력하면 꿈을 이룰 수 있습니다.

Q. 후배들에게 들려주고픈 조언은?

저는 학생들에게 두 친구 이야기를 들려주곤 합니다. 둘은 고등학교 같은 반 친구였습니다. A는 전교에서 1~2등을 했고, B는 그저 그랬지요. 두 친구는 재수를 했습니다. 그 후 둘은 K대학교 같은 과에 입학했습니다. A는 상심하여 더 이상 노력하지 않았지만, B는 더 열심히 노력했습니다. 차츰 B가 앞서기 시작합니다.

A는 "내가 시작하면 더 잘할 수 있어."라고 말하곤 했습니다. 그러나 그는 시작하지 않았습니다. B는 미국 유학 후 지금은 K대 교수로 재직 중입니다. 중·고등학교 성적은 뒤질 수 있습니다. 그러나 지금부터 시작하면 됩니다. 시편 126편 5절에 '눈물로 씨를 뿌리는 자는 기쁨으로 거두리라' 하신 말씀처럼 누구든지 한 분야에서 십 년간 꾸준히 노력하면 최고가 될 수 있지요. 그 시기가 중학교, 고등학교, 혹 대학교라 해도 늦지는 않습니다. 물론 빠를수록 좋습니다. 성공은 투자한 시간과 비례하며, 성실의 열매이기 때문입니다.

# 미래의 모습을 상상하면 이겨낼 수 있어요

**김재윤 형제**(20세)

CIMARRON MEMORIAL HIGH SCHOOL 졸업
캘리포니아 주 IRVINE VALLEY COLLEGE 재학

2010년 6월, 고등학교 졸업식에서 오바마 대통령상을 수상하게 되어 놀랐다는 김재윤 형제. 그동안 자신의 노력이 헛되지 않아 기뻤다고 한다. 그는 자신만의 노하우를 이렇게 전한다. "절대 포기하지 말 것, 하나님의 도우심으로 무엇이든지 할 수 있다는 믿음을 가질 것, 학교 시험과 과제를 잘 준비할 것, 도움이 필요할 때에는 즉각 선생님께 요청할 것, 친구들에게 배우는 겸손한 마음을 가질 것"

## Q. 미국에서 학교를 다니게 된 배경은?

제가 아홉 살인 2000년에 온 가족이 미국 라스베이거스로 이민을 왔습니다. 아버지가 영적인 곤고함과 한계에 부딪혀 이민을 결정했기 때문입니다. 새로운 환경에서 삶을 시작했지만 아버지는 영적인 곤고함을 해결하지 못하셨지요. 결국 아버지는 영적인 변화를 위해 40일 작정 기도를 시작하셨습니다.

어느 날, 기도하다가 마음에서 "이재록"이라는 이름이 계속 떠올랐는데, 하나님께서 알려 주신 것이라고는 미처 깨닫지 못하셨다고 합니다. 그 이름이 자꾸 떠올라서 인터넷 검색을 하셨고, 만민중앙교회를 알게 되었습니다.

아버지는 천국 설교를 들으면서 천국에 대한 막연한 느낌이 구체화되는 것을 체험하셨고, 창세기 강해를 들으면서 영적인 곤고함이 해결되어 갔습니다. 다음 내용이 궁금하여 잠을 잘 수 없을 정도로 말씀을 사모하게 되셨지요.

Q. 청소년기는 어떻게 보내셨나요?

중학생이 되었을 때 저는 공부를 별로 좋아하지 않았고, 친구들과 어울려 노는 게 더 좋았어요. 나쁜 친구들과 어울리면서 좋지 않은 행동까지 했습니다. 심지어 컴퓨터 게임에 중독되어 학교에 가지 않고 공원에서 게임을 하며 시간을 보내기도 했습니다. 그러다 보니 성적은 점점 떨어졌습니다.

그러다가 문득 '내가 지금 죽으면 어디로 갈까?' 하는 생각이 스치며 지옥에 갈 것 같았습니다. '이렇게 살아서는 안 되겠다.'는 마음이 들었어요. 삶의 변화가 필요하다는 것을 인식하면서 그동안의 일들을 하나님께 회개하였습니다. 그토록 소중히 여기던 게임기를 모두 내다버리고 공부하기로 마음먹었습니다.

부모님께서 저의 변화에 매우 기뻐하시며 많은 도움을 주셨습니다. 기도로 힘껏 밀어주셨지요. 저는 성경을 읽는 시간 등을 통해 변화되기 시작했습니다. 그러다가 이재록 목사님의 말씀을 들으면서 마음에 많이 찔림이 되었습니다. 제 마음이 얼마나 악한지 구체적으로 깨달을 수 있었지요.

그 후 저는 나쁜 말을 하지 않으려 애썼고, 판단 정죄하지 않으려고 노력했습니다. 주변에 어려운 사람과 소외된 이들에게 다가가 그들과 함께하며 복음을 전하려고 노력했습니다. 7학년(중2)과 8학년(중3) 동안에 진정한 크리스천이 되기 위해 열심히 신앙생활 하며 전도하는 데 힘을 다하였습니다.

Q. 자신만의 공부 비결이 있나요?

예전에는 공부를 해야겠다는 마음이 없었지만, 성결의 복음을 듣고 나서 학생으로서의 본분을 잘 감당할 때 하나님께서 기뻐하신다는 것을 깨달았어요. 공부를 열심히 하여 하나님께 영광 돌리고 싶은 마음이 생겼지요.

그래서 하나님께 지혜를 구하며 먼저 성경 말씀을 읽고 난 뒤 공부를 시작했습니다. 그러자 하나님께서는 학교 수업 내용을 더 잘 이해할 수 있도록 도와주셨어요. 수업 내용 중에 이해가 안 되는 부분들은 그냥 넘기지 않고 선생님께 질문하여 완전히 이해하고 넘어갔어요. 그날 그날 예습과 복습을 반복하다 보니 공부가 쉽고 재미있음을 깨닫게 되었습니다. 가끔 공부하다가 힘들 때에는 미래의 내 모습을 상상하며 인내했어요. 그러면 공부하기가 한결 수월해집니다.

성적을 올리는 비법이 있다면 첫째, '하나님께 기도하는 것'입니다. 하나님은 지혜의 근본이시잖아요. 하늘의 지혜를 주시라고 기도할 때 하나님께서 집중할 수 있게 하시고 수업 내용을 잘 이해할 수 있는 능력을 주십니다. 둘째는 '능력을 갖춘 멋진 나의 미래상'을 그려보는 것입니다. 지금은 힘들어도 미래를 향한 확실한 비전이 있을 때 이길 수 있는 힘이 된답니다. 이런 방법을 써서 성적이 눈에 띄게 향상되었습니다.

Q. 오바마 대통령상을 받게 된 계기는?

미국의 주마다 대통령상의 기준이 다른데, 제가 다녔던 네바다 주에서는 초, 중, 고등학교를 졸업할 때 이 상을 수여합니다. 우선 성적으로 평가해요. 전체 학년과 학기별 성적을 기준으로 평균 3.5(전학년 평균 A) 이상이 되어야 받을 수 있습니다. 이 외에도 여러 방면의 자격을 요구합니다. 특별 활동 부분과 클럽 활동 부분에서도 우수한 능력을 갖춰야 해요. 무엇보다 학교 선생님의 추천이 있어야 받을 수 있습니다.

감사하게도 저는 고등학교 졸업식장에서 오바마 대통령상을 받게 되었습니다. 학교 기독교 동아리(4년간 회장 역임), 재활용 동아리(2년간 부회장 역임), 수학 동아리(2년간 회장 역임), 명예학생단체(3년간 활동), 학교 밴드(수석 클라리넷 연주자로 3년간 활동) 등에 가입해 다양한 활동을 했습니다. 이 외에 2007년에는 페루 선교 여행을 다녀왔는데, 이런 노력이 상을 가져다준 것 같습니다.

Q. 입시를 준비하는 후배들에게 조언 한마디?

입시 공부(미국에서는 SAT라고 함)를 미리 미리 준비하라고 말하고 싶습니다. 고3이 되어서야 입시 공부를 하려고 하면 늦습니다. 고등학교 1학년 때부터 기초를 다져 나가며 과목별로 학습 내용을 모두 이해하고 넘어가야 다음 단계를 수월하게 공부할 수 있습니다.
그리고 학교 수업 시간에 충실하게 공부하기를 말해주고 싶어요. 학교 수업을 확실하게 하지 않으면 아무리 학원이나 과외 공부를 한다 해도 쉽지 않습니다. 학교 수업은 기본입니다. 마지막으로, 하나님을 기쁘시게 하길 부탁합니다. 매일 시간을 정하여 기도로 하나님과 교제하며, 틈틈이 친구들에게 복음을 전하는 것입니다. 또한 성경 말씀을 묵상하며 하나님께서 자신에게 주시는 메시지가 무엇인지 알아야 해요.

Q. 앞으로 비전이 있다면?

제가 보스턴 대학에 80% 장학금을 받고 합격했으나 아버지의 선교 사역을 돕기 위해 캘리포니아 주 얼바인 밸리 대학(Irvine Valley College)에 화학 전공으로 입학했습니다. 제 꿈이 수학 교수가 되어 학생들을 가르치면서 복음 전도자로서의 사명을 감당하는 것입니다.
그렇기 때문에 지금은 학업에 충실하면서 제가 좋아하는 과목인 수학을 더 열심히 공부하려고 합니다. 단기 계획으로는 UC 버클리(Berkeley)에 수학 전공으로 편입하는 것입니다. 대학생들을 가르치는 TUTOR(개인 교사) 일과 기독학생회 클럽 일, STUDENT GOVERNMENT(학생회 임원)로 활동하면서 주어진 일에 최선을 다하고 있습니다.

공부 잘하는 비결

초판 1쇄 발행 2011년 10월 31일
2쇄 발행 2012년 5월 25일

지은이 이재록
발행인 빈성남
편집인 빈금선

발행처 우림북
편집부 02-851-3845, 070-8240-5611
팩 스 02-851-3854
영업부 02-837-7632, 070-8240-2072
팩 스 02-869-1537

등록번호 제1-904호



값 10,000원

ISBN 978-89-7557-491-7

우림

우림은 구약 시대에 대제사장이 하나님의 뜻을 묻기 위해 사용하던 판결 흉패이며,
히브리어로 '빛'이라는 의미가 있습니다(출애굽기 28:30).
빛은, 곧 하나님 말씀이며 생명입니다.
우림북은 온 누리에 참 빛을 비추고자 오늘도 기도와 정성으로 문서선교 사역에 앞장서고 있습니다.

www.ingramcontent.com/pod-product-compliance
Ingram Content Group UK Ltd.
Pitfield, Milton Keynes, MK11 3LW, UK
UKHW041845200726
13854UKWH00005BA/2179